Réussir au COLLÈGE

Spécial entraînement

6e

Rédaction

Morgan SENAN
Enseignante

hachette
ÉDUCATION

Sommaire

Couverture : **Stéphanie BENOIT**
Maquette intérieure et mise en pages : Mediamax
Illustrations intérieures : **Églantine BONETTO**

ISBN 978-2-01-708122-7

58, rue Jean Bleuzen, CS 70007, 92178 Vanves Cedex

www.hachette-education.com

Avant-propos

Cet ouvrage consacré à la rédaction et à l'expression écrite, comporte trois chapitres :
1. Le récit
2. La description
3. Les sentiments et les états d'âme

a. Chacun de ces chapitres s'ouvre sur **une double page** qui fournit des définitions générales, des informations précises, des conseils.
Exemple, pour le chapitre 1 :
– Qu'est-ce qu'un récit ?
– Quelles sont les différentes parties du récit ?
– Les différents types de récits.

b. Suivent **cinq leçons** toutes organisées de la manière suivante :
– un texte d'étude à lire : *Lis bien le texte*, suivi d'une règle, d'une remarque : *Retiens bien.*
– deux pages d'exercices permettant de comprendre parfaitement le texte : *Observe le texte*, *Comprends le texte*, *Analyse le texte*, et de composer des textes : *À toi d'écrire.*
– une page consacrée à la rédaction, qui s'organise de la manière suivante :
- un rappel de la leçon : *Rappel*
- un sujet à composer : *Compose une rédaction*
- des conseils pour le devoir : *Conseils pour t'aider*
- un répertoire de mots et d'expressions à recopier et à retenir.

c. À la fin de chaque chapitre, une double page : **Évaluation**, te permet, en t'amusant, de contrôler que tu as bien mis à profit les leçons du chapitre.

d. Un **lexique** (page 94) te fournit la définition des mots signalés par un astérisque (*), dont tu as besoin pour réussir les exercices qui te sont proposés.

e. Les **corrigés** (pages 77 à 93) te permettent de contrôler l'exactitude de tes réponses.

Il est nécessaire que tu disposes d'un support – des feuilles de classeur ou un cahier (☛📖) – pour répondre aux questions, faire la plupart des exercices et rédiger les exercices d'expression écrite.

Toutes les fois que tu rencontreras ce petit logo, il sera utile que tu consultes un dictionnaire.

Contrairement à la légende, tout élève appliqué peut obtenir de bons résultats en rédaction. Alors courage ! Découvre vite le bonheur d'écrire.

Le récit

Qu'est-ce qu'un récit ?

Un récit, c'est une histoire. Écrire un récit, c'est raconter des faits, des événements vrais ou imaginaires.
Dans un récit, il y a généralement beaucoup de verbes d'action.

***Exemple :* La bêtise**

J'aborde au nid ; la pie s'envole ; je ravis les œufs, je les mets dans ma chemise et redescends. Malheureusement, je me laisse glisser entre les tiges jumelles et j'y reste à califourchon. L'arbre étant élagué, je ne pouvais appuyer mes pieds ni à droite ni à gauche pour me soulever et reprendre le limbe extérieur, je demeure suspendu en l'air à cinquante pieds.

François René de Chateaubriand, *Mémoires d'outre-tombe*, 1848-1850.

Quelles sont les différentes parties du récit ?

Un récit bien construit se compose de cinq étapes.

***Exemple :* Dans la forêt**

Grégoire, Bérénice, Frédéric et Arthur jouaient à cache-cache dans la forêt. À l'heure du goûter, les trois garçons s'aperçurent que Bérénice manquait à l'appel depuis une bonne demi-heure.
Ils se mirent à la chercher partout et à parcourir la forêt en tous sens. Ils l'appelaient. Ils commençaient à être sérieusement inquiets.
Soudain, Grégoire entendit la voix étouffée de sa sœur. Il se dirigea alors vers un énorme chêne. La voix de Bérénice devenait de plus en plus distincte au fur et à mesure qu'il avançait : la petite fille était tombée dans le tronc du vieil arbre devenu creux au fil des années. Retenu par Frédéric et Arthur, il se pencha et tendit la main à sa sœur.
Au grand soulagement général, Bérénice parvint à sortir du tronc de l'arbre et les quatre enfants se dirigèrent vers la clairière pour goûter.

1 La situation initiale

Elle présente l'époque, le lieu, le décor, les personnages (Grégoire... forêt).

2 L'événement déclencheur

Soudain, un événement inattendu surgit. La situation initiale se trouve bouleversée (à l'heure... demi-heure).

3 Les péripéties

Nous sommes au cœur du récit. Une série d'événements vont se dérouler, dans un ordre logique qui est souvent un ordre chronologique (Ils se mirent... inquiets).

4 L'événement équilibrant

Il marque le dénouement et la fin des péripéties (Soudain... à sa sœur).

5 La situation finale

C'est le retour à la normale, en quelque sorte « la boucle est bouclée » (Au grand soulagement... pour goûter).

Les différents types de récits

Il existe plusieurs types de récits, plusieurs catégories, plusieurs familles de récits, comme par exemple.

1 Le récit de souvenirs

L'auteur* raconte à la première personne des souvenirs d'enfance, de jeunesse, d'âge mûr.

Exemples

- Les romans de Marcel Pagnol : *La Gloire de mon père, Le Château de ma mère, Le Temps des secrets.*
- Le roman d'Alphonse Daudet : *Le Petit Chose* (histoire d'un enfant).

2 Le récit de l'imagination

Un auteur raconte une histoire qu'il n'a pas vécue mais qu'il a complètement inventée. Cette histoire peut se dérouler dans le passé ou dans le futur.

Il existe, bien entendu, d'autres familles de récits que tu découvriras en lisant les textes qui te sont proposés.

1 Récit de la vie quotidienne

Lis bien le texte

Comment madame Lefèvre fut conduite à prendre un « quin ».

Les deux femmes habitaient une petite maison à volets verts, le long d'une route, en Normandie, au centre du pays de Caux.

Comme elles possédaient devant l'habitation, un étroit jardin, elles cultivaient quelques légumes. Or, une nuit, on leur vola une douzaine d'oignons. Dès que Rose s'aperçut du larcin, elle courut prévenir Madame, qui descendit en jupe de laine. Ce fut une désolation et une terreur. On avait volé, volé madame Lefèvre ! Donc, on volait dans le pays, puis on pouvait revenir. Et les deux femmes effarées contemplaient les traces de pas, bavardaient, supposaient des choses : « Tenez, ils ont passé par là. Ils ont mis leurs pieds sur le mur ; ils ont sauté dans la plate-bande. »

Et elles s'épouvantaient pour l'avenir. Comment dormir tranquilles maintenant !

Le bruit du vol se répandit. Les voisins arrivèrent, constatèrent, discutèrent à leur tour ; et les deux femmes expliquaient à chaque nouveau venu leurs observations et leurs idées.

Un fermier d'à côté leur offrit ce conseil : « Vous devriez avoir un chien. » C'était vrai cela ; elles devraient avoir un chien, quand ce ne serait que pour donner l'éveil. Pas un gros chien. Seigneur ! Que feraient-elles d'un gros chien ! Il les ruinerait en nourriture. Mais un petit chien (en Normandie, on prononce quin), un petit freluquet de quin qui jappe.

Dès que tout le monde fut parti, madame Lefèvre discuta longtemps cette idée de chien. Elle faisait, après réflexion, mille objections, terrifiée par l'image d'une jatte pleine de pâtée ; car elle était de cette race parcimonieuse de dames campagnardes qui portent toujours des centimes dans leur poche pour faire l'aumône ostensiblement aux pauvres des chemins, et donner aux quêtes du dimanche.

Rose, qui aimait les bêtes, apporta ses raisons et les défendit avec astuce. Donc il fut décidé qu'on aurait un chien, un tout petit chien.

Guy de Maupassant, *Contes de la Bécasse*, 1883.

Retiens bien

- Un récit s'organise souvent autour d'un événement important qui va entraîner une cascade de conséquences.
- Chaque conséquence est l'objet d'un paragraphe particulier.

Observe le texte

Les lieux

1 Dans quels lieux l'action se déroule-t-elle ? Relis la première phrase du texte et fournis quatre réponses.

2 De manière à préciser ce qu'il y a de plus important concernant l'endroit où se déroule l'action, complète la phrase suivante.

Les deux femmes habitent une maison i.., à la c.. .

Les personnages

3 Comment les deux femmes s'appellent-elles ?

4 Quel est le rapport qui existe entre elles ?

5 Quels autres personnages interviennent dans le récit ? (Ils forment un groupe.)

6 L'un d'entre eux se détache du groupe, il a plus d'importance. Qui est-il ? Que dit-il ?

L'action

7 Que se passe-t-il ? (Réponds par une phrase complète.)

8 À quel moment ?

9 À quel moment les deux femmes découvrent-elles le « drame » ?

Les conséquences de l'action

10 Relève une phrase du texte qui indique que l'affaire prend des proportions énormes.

11 Quelles suppositions font les deux femmes sur la manière dont le vol a été commis ?

12 Quelle est la principale conséquence de ce vol nocturne sur les deux femmes ? (Relève une phrase placée vers le milieu du texte.)

13 Comment réagissent les voisins ?

14 Que propose le fermier d'à côté ?

Comprends le texte

15 **Donne le sens de chacun des mots suivants.**

a. un larcin : ....

b. effarées : ....

c. parcimonieuse : ....

d. ostensiblement : ....

16 **Explique les expressions suivantes.**

a. Elle descendit en jupe de laine.

....

b. Ce fut une désolation et une terreur.

....

c. On avait volé, volé Mme Lefèvre !

....

d. Un petit freluquet de quin qui jappe.

....

Analyse le texte

17 **Pour retrouver les différentes étapes du récit, complète les phrases suivantes en résumant le texte.**

a. Situation de départ : Mme Lefèvre et Rose ....

b. L'événement inattendu : Or, une nuit ....

c. La conséquence de l'événement : Les deux femmes ....

d. La solution possible du problème : Un fermier voisin leur dit ....

e. La réaction de Mme Lefèvre : Mais Mme Lefèvre ....

f. La réaction de Rose : En revanche ....

g. Résultat : Donc ....

18 **Le récit raconte une histoire. Il présente aussi des héros. Certains traits de caractère des héros apparaissent dans le récit. Pour les deux femmes qui vivent seules à la campagne, dans une maison isolée, prendre un chien serait une bonne solution.**

a. Mais pourquoi Mme Lefèvre refuse-t-elle de prendre un gros chien ?

....

b. Quel défaut apparaît chez elle ?

....

c. Quelle phrase du texte indique que ce défaut est très présent chez elle ?

....

Rédaction

Rappel

• Un récit présente :
– les lieux dans lesquels se déroule l'action,
– les personnages qui participent à cette action.

• Un récit présente surtout un événement particulier. Dans une situation donnée, surgit un fait inattendu qui va avoir de nombreuses conséquences.

• Compose une rédaction.

Un événement inattendu vient subitement bouleverser la vie jusque-là tranquille et paisible d'une personne ou d'une famille tout entière. Raconte.

• Conseils pour t'aider.

1. Le sujet propose un choix : il s'agit d'une seule personne ou d'une famille tout entière. À toi de choisir et une fois ton choix fait, n'en change pas.

2. Précise la nature de l'événement dont il va s'agir. Plusieurs possibilités s'offrent à toi ; par exemple, l'annonce d'une nouvelle : un bébé va naître, la famille va déménager, des parents ou des amis vont venir en visite, etc.

3. Indique clairement, au début de ton devoir, et en quelques phrases seulement, les circonstances dans lesquelles survient cet événement. Réponds à des questions de ce type : où, quand, comment, pourquoi, qui était présent ?

4. Tu peux choisir un événement qui appartient à ton vécu personnel, à ton expérience.

5. Tu peux aussi choisir hors de ton vécu, mais dans le domaine du vraisemblable*.

Répertoire

Recopie les mots suivants et leur définition dans ton répertoire.

un larcin	parcimonieux
la désolation	ostensiblement
une objection	une astuce

2 Récit amusant

Lis bien le texte

Vive le camping !

C'est le soir. On est trempé, il y a cinq bons centimètres d'eau dans le bateau, et tous les objets sont mouillés.

On trouve sur la rive un endroit un peu moins fangeux que les autres, on débarque pour déployer la tente, et on se met à deux pour entreprendre de la dresser.

La toile est imbibée d'eau et pesante ; elle claque au vent, retombe sur vous, s'entortille autour de votre tête et vous rend fou. Cependant, la pluie ne cesse pas de tomber à seaux. C'est déjà assez difficile de dresser une tente par temps sec ; s'il pleut, cela devient un vrai travail d'Hercule. Au lieu de vous aider, il vous semble que le collègue ne fait que des bêtises. Au moment précis où vous venez d'assujettir comme il faut votre côté de la tente, il se met à haler du sien, et démolit tout.

– Hé là ! qu'est-ce que tu fiches donc ? lui criez-vous.

– C'est toi ! qu'est-ce que tu fiches, toi ! renvoie-t-il ; laisse aller, veux-tu ?

– Ne tire pas dessus, tu as tout démantibulé, espèce de gourde ! lancez-vous.

– Non, ce n'est pas moi, hurle-t-il à son tour ; laisse aller de ton côté !

– Je te répète que tu as tout démantibulé ! rugissez-vous, regrettant de n'être pas plus près de lui ; et tu as tiré si fort sur les cordes que tous les piquets sont arrachés.

– Quel idiot ! l'entendez-vous murmurer tout seul.

Puis survient une traction farouche, et voilà votre côté parti. Vous déposez le maillet et vous vous mettez en devoir de faire le tour pour aller dire votre façon de penser au copain. [...] Et vous vous poursuivez l'un l'autre en vous injuriant, tout autour de la tente, qui finit par s'abattre en un tas.

Jerome K. Jerome, *Trois hommes dans un bateau (sans compter le chien)*, trad. Déodat Serval, révisée par A. Topia, Flammarion, 1990.

Retiens bien

• Quand un récit s'organise autour d'un événement amusant, il est comique. Son but est de faire rire le lecteur.

Observe le texte

Les héros de l'action

1 **Combien y a-t-il de personnages ?** ...

2 **Que font-ils ?** ...

Les circonstances de l'action

3 **À quel moment se déroule l'action ? En quoi est-ce important ?**

4 **Relève quelques expressions du texte qui indiquent que les circonstances sont particulièrement mauvaises.**

Les étapes du récit

5 **Premières tentatives.**

a. Que fait le narrateur* ?

b. Au même moment, que fait son ami ?

c. Quelle est la conséquence de cette collaboration ?

6 **Seconde tentative.**

a. Dans un second temps (« Puis survient une traction farouche »), que se passe-t-il ?

b. Comment les deux hommes réagissent-ils ?

Comprends le texte

7 **Donne le sens des mots et des expressions suivants.**

a. fangeux : ...

b. déployer (la tente) : ...

c. haler : ...

d. rugissez-vous : ...

e. un maillet : ...

8 **Explique les expressions suivantes.**

a. un vrai travail d'Hercule : ...

b. tu as tout démantibulé : ...

Analyse le texte

9 **Observe le texte, repère les grands blocs qu'il présente.**

a. Donne un titre qui résume :

– le paragraphe 1 (jusqu'à « mouillés ») ....

– le paragraphe 2 (jusqu'à « dresser ») ....

– le paragraphe 3 (jusqu'à « tout ») ....

b. Que remarques-tu au début des lignes qui suivent, jusqu'à « tout seul » ?
– À quoi servent ces signes ?
– Il ne s'agit plus d'un récit, mais d'une autre forme de texte. Comment s'appelle-t-elle ?

c. Donne un titre au dernier paragraphe ; quel commentaire peux-tu faire sur la dernière phrase ?

À toi d'écrire

10 **Donne le contraire des expressions suivantes.**

a. la toile est imbibée d'eau et pesante : ....

b. un travail d'Hercule : ....

11 **À quel niveau* de langue appartiennent les expressions suivantes ?**

a. qu'est-ce que tu fiches donc ? ....

b. espèce de gourde ! ....

12 **Reprends les expressions de l'exercice 11 et transcris-les en langage courant ; quel est l'effet obtenu ?**

13 **Emploie chacun des mots suivants dans une courte phrase qui mettra son sens en valeur.**

inondé – humide – détrempé

14 **À la manière du dictionnaire, rédige la définition des mots suivants.**

bruine – crachin – ondée – averse

15 **Compose un court paragraphe qui permettra à ton lecteur d'identifier : une oasis, la rosée, la neige. Bien entendu, ces mots ne figureront pas dans ton texte.**

16 **Voici trois titres. Fais suivre chacun d'eux d'un court paragraphe d'environ cinq lignes qui aura naturellement un rapport précis avec son titre.**

a. une croisière en Méditerranée

b. une agréable semaine de camping en montagne

c. un pique-nique entre amis au bord de l'eau

Rédaction

Rappel

• Un récit peut mettre en scène des personnages qui s'expriment chacun à tour de rôle. Il y a donc un dialogue.

• Le dialogue obéit à certaines règles de présentation qui doivent être respectées :
– retour à la ligne et tiret pour indiquer que le personnage prend la parole,
– phrases courtes et simples qui retranscrivent la conversation des personnages.

• Compose une rédaction.

Imagine la suite directe du texte, en une quinzaine de lignes.

• Conseils pour t'aider.

1. Quand tu écris la suite d'un texte, tu dois relire soigneusement le texte à continuer.

2. Pour l'histoire que tu vas proposer, tu dois conserver : les mêmes personnages, le même décor, les mêmes temps verbaux, le même niveau de langue et la même structure d'ensemble.

3. Si le niveau de langue est celui d'une conversation entre amis, il ne doit devenir ni grossier ni familier.

4. Tu peux continuer le dialogue ou passer au style indirect.

5. Tu as naturellement le choix entre une fin heureuse (les deux amis réussissent à monter leur tente) et une fin malheureuse (ils échouent).

Répertoire

Recopie les mots suivants et leur définition dans ton répertoire.

ami	camarade
confrère	collègue

3 Récit mouvementé

Lis bien le texte

Une belle bagarre

Quand chacun des camps en présence eut épuisé sa réserve de cailloux, les guerriers s'avancèrent résolument de part et d'autre, les armes à la main, pour se cogner en toute conscience.

Les Velrans avançaient en coin, les Longevernes en trois petits groupes : au centre Lebrac, à droite Camus, à gauche Grangibus... Pas un ne disait mot. Ils avançaient au pas, lentement, comme des chats qui se guettent, les sourcils froncés, les yeux terribles, les fronts plissés..., les dents serrées, les poings raidis sur les gourdins, les sabres ou les lances.

Et la distance diminuait et, au fur et à mesure, les pas se rapetissaient encore ; les trois groupes de Longevernes se concentraient sur la masse triangulaire de Velrans.

Et quand les deux chefs furent presque nez à nez, à deux pas l'un de l'autre, ils s'arrêtèrent. Les deux troupes étaient immobiles, mais de l'immobilité d'une eau qui va bouillir, hérissées, terribles ; des colères grondaient sourdement en tous, les yeux décochaient des éclairs, les poings tremblaient de rage, les lèvres frémissaient.

Qui le premier, de l'Aztec ou de Lebrac, allait s'élancer ?

On sentait qu'un geste, un cri allait déchaîner ces colères, débrider les rages, affoler ces énergies, et le geste ne se faisait pas et le cri ne sortait point, et il planait sur les deux armées un grand silence tragique et sombre que rien ne rompait.

Couâ, couâ, croâ ! une bande de corbeaux rentrant en forêt passèrent sur le champ de bataille en jetant, étonnés, une rafale de cris. Cela déclencha tout. Un hurlement sans nom jaillit de la gorge de Lebrac, un cri terrible sauta des lèvres de l'Aztec, et ce fut des deux côtés une ruée impitoyable et fantastique.

Louis Pergaud, *La Guerre des boutons*, Mercure de France, 1912.

Retiens bien

- Quand un récit présente le déroulement d'une action en plusieurs épisodes*, les alinéas* t'aident à repérer les différentes parties du récit.
- Les épisodes se succèdent dans un ordre logique.

Observe le texte

1 De quel genre de guerriers s'agit-il ? des militaires ? des enfants ?

2 Quel indice placé dans les premières lignes de l'extrait t'a permis de répondre à la question 1 ?

3 À quel animal sont comparés les guerriers ? ....

4 À quel élément de la nature sont-ils comparés ensuite ? ....

5 Quels animaux interviennent réellement dans le récit ? ....

Comprends le texte

6 Avec tes propres mots, explique chacun des mots suivants. Explique-les dans le sens qu'ils ont dans l'extrait et en t'aidant du contexte.

a. résolument : ....

b. sourdement : ....

c. tragique : ....

d. sombre : ....

7 Donne une description de chacune des armes suivantes.

a. un gourdin : ....

b. un sabre : ....

c. une lance : ....

8 Avec tes propres mots, explique les expressions suivantes en rédigeant des phrases courtes, claires et complètes.

a. pour se cogner en toute conscience

b. les fronts plissés

c. et quand les deux chefs furent presque nez à nez

d. une ruée impitoyable et fantastique

Analyse le texte

Les héros de l'action

9 Répartis les ennemis en deux colonnes : celle des Velrans et celle des Longevernes. Inscris le nom des chefs et celui des combattants de chaque camp.

10 Quels sentiments éprouvent les combattants ?

11 **Comment se manifestent les sentiments des combattants ? sur leur visage ? dans leurs attitudes ?**

L'action

12 **Dans la plus grande partie de ce texte, que font les enfants ?**

13 **Les alinéas* permettent de repérer les différents paragraphes du récit. Plusieurs paragraphes peuvent développer une même idée. Relis soigneusement le début de chaque paragraphe de l'extrait, puis :**

– donne un titre commun aux cinq premiers paragraphes ;
– donne un titre au dernier paragraphe.

14 **Quel événement déclenche la bagarre ?** ....

À toi d'écrire

15 **Relis le texte soigneusement puis cache-le. Tu dois reconstituer l'extrait du livre de Louis Pergaud en inscrivant les mots qui manquent dans les pointillés.**

a. Ils avançaient au pas, lentement, comme des .... qui se ....

b. Au centre Lebrac, à droite Camus, à gauche, Grangibus... Pas un ....

c. Et quand les deux chefs furent presque nez à nez, à deux pas l'un de l'autre, ils ....

16 **Emploie chacune des expressions suivantes dans un texte de cinq lignes environ. (Tu places cette expression où tu le souhaites : au début, au milieu ou à la fin de ton texte.)**

a. pas un ne disait mot

b. un grand silence tragique et sombre

c. cela déclencha tout

17 **Voici deux expressions extraites du texte. Considère chacune d'elles comme le titre d'un texte de cinq lignes environ que tu rédigeras soit au présent, soit au passé.**

a. un cri terrible

b. une ruée impitoyable et fantastique

18 ***Un homme en colère* ; c'est le titre d'un petit paragraphe de cinq à six lignes que tu vas écrire en respectant les consignes suivantes.**

a. temps verbal à employer : présent de l'indicatif

b. pronom personnel à utiliser : *il*

c. genre de texte : portrait (physique, moral, en action)

d. indications supplémentaires à fournir dans l'exercice : les raisons de la colère de cet homme.

Rédaction

Rappel

• Un récit peut mettre en scène plusieurs personnages ou plusieurs groupes de personnages : chaque personnage, chaque groupe doit être bien caractérisé, de manière que le lecteur ne confonde pas les uns avec les autres.

• Quand les actions s'enchaînent, elles se déroulent dans un ordre logique qui doit être respecté : aller à la ligne pour chaque nouvel épisode* et lui consacrer un paragraphe clairement délimité par un alinéa* rend le texte plus facile à lire et à comprendre.

• Compose une rédaction.

Après la bagarre, les combattants rentrent chez eux. Imagine l'accueil que leur réservent leurs parents.

• Conseils pour t'aider.

1. Tu dois respecter le texte (l'histoire et son style).
2. Imagine la situation dans laquelle se trouvent les guerriers après une bagarre (vêtements déchirés, boutons arrachés, bleus, coups divers, certains rentrent chez eux en saignant du nez, d'autres en boitant).
3. Sous forme de petits paragraphes, tu pourras mettre en scène des réactions très différentes les unes des autres : la mère inquiète et émotive, le père violent, le père amusé, etc.

Répertoire

Recopie les mots suivants et leur définition dans ton répertoire.

la rage	l'énergie	tragique
une rafale	une ruée	impitoyable

4 Récit policier

Lis bien le texte

Une disparition

– Je voudrais que vous retrouviez ma femme ; elle a disparu depuis un mois.

– OK, dis-je, je retrouverai votre femme.

Il frappa la table des deux mains et m'enveloppa d'un regard.

Il passa la main dans son épaisse chevelure brune.

– Elle est partie depuis un bon mois, reprit-il. Elle a disparu d'un chalet que nous avions dans les montagnes. Près de Puma Point.

Vous voyez où c'est ?

Je dis que je connaissais Puma Point.

– Notre coin est à trois kilomètres du village et est en partie desservi par un chemin privé. Il est situé sur un lac à nous, Little Fawn Lake. Il existe une digue que nous avons fait construire à frais communs pour valoriser le terrain. Je suis possesseur de la propriété avec deux autres types. C'est très grand, mais pas du tout mis en valeur. Mes amis ont chacun un chalet. J'en possède un moi-même, et un autre type, nommé Bill Chess, vit dans le sien avec sa femme et surveille le nôtre. Il est mutilé de l'autre guerre et pensionné. C'est tout ce qu'il y a là-bas. Ma femme y est montée au milieu du mois de mai. Elle en est redescendue deux fois pour les week-ends. Elle était attendue le 12 juin chez des amis et n'a pas donné signe de vie. Je ne l'ai plus revue depuis.

– Qu'est-ce que vous avez fait ? demandai-je.

– Rien. Absolument rien. Je ne suis même pas monté au chalet.

– Pourquoi ? demandai-je.

Il recula son fauteuil pour pouvoir ouvrir un tiroir fermé à clé. Il en sortit un papier plié et me le passa. Je le dépliai, c'était un télégramme. Déposé à El Paso le 14 juin à 9 h 19 du matin, il était adressé à Derace Kingsley, 965, Carlson Drive, Beverly Hills. J'y lus : passe frontière pour obtenir divorce mexique stop. vais épouser chris lavery stop. bonne chance et adieu. crystal.

Raymond Chandler, *La Dame du lac*, trad. Boris et Michèle Vian, Gallimard, 1988.

Retiens bien

- Un récit policier s'organise autour d'un mystère, d'une énigme.
- Des indices* sont fournis au lecteur qui peut parvenir à résoudre lui-même le mystère, s'il mène l'enquête avec sérieux.

Observe le texte

Les personnages

1 **Combien y a-t-il de personnages présents dans cet extrait ?**

2 **Les deux premières répliques de l'extrait fournissent un indice sur le genre de relation qui les unit. Relis-les et précise :**

a. que demande le premier au second ? ....

b. que promet le second au premier ? ....

Lis les deux lignes qui suivent ces deux premières répliques et précise :

c. quelle profession exerce celui qui dit : « OK, je retrouverai votre femme » ?

d. qui est le narrateur* ? le premier personnage ou le second ? quels indices* te permettent de répondre ?

3 **Qui sont les personnages secondaires ? Quel rôle jouent-ils ?**

Les lieux

4 **Relève des noms propres (noms de lieux et noms de personnes). Dans quel pays l'action se déroule-t-elle ?**

5 **Dans quel type de pièce l'action se déroule-t-elle ? Quels détails te permettent de répondre ?**

L'histoire

6 **Qu'est-il arrivé au premier personnage qui prend la parole ? Réponds en une phrase qui soit la plus courte possible, sans entrer dans les détails.**

L'héroïne de l'histoire : la disparue

7 **Dresse une sorte de fiche de renseignements sur cette disparue en remplissant le dossier qui suit.**
Attention ! il y a peut-être certains renseignements que tu ne possèdes pas ; dans ce cas, inscris « inconnu ».

a. situation de famille (barre les mauvaises réponses) :
célibataire – mariée – veuve – divorcée

b. âge : ....

c. signe physique particulier : ....

d. date présumée de la disparition : ....

e. lieu de la disparition : ....

f. dernier acte connu : ....

g. motifs possibles de la disparition : ....

h. nom des personnes ayant été en contact avec la disparue avant sa disparition : ....

....

Comprends le texte

8 **Pour chacune des deux expressions suivantes, fournis une expression synonyme*.**

a. depuis un bon mois : ....

b. elle n'a pas donné signe de vie : ....

Analyse le texte

9 **Que peut-on supposer de la situation de fortune du client du détective ? Quels indices permettent de répondre ?**

10 **Quels étaient les sentiments du mari pour son épouse ?**

11 **Pour quelles raisons a-t-il décidé de faire rechercher sa femme ? Cite deux raisons au moins.**

À toi d'écrire

12 **Compose une description précise des deux éléments suivants.**

a. un chalet

b. un télégramme

Après avoir lu chacune de ces descriptions, ton lecteur sera capable d'identifier la bâtisse et l'objet.

13 **Compose le scénario* d'une histoire policière en fournissant un maximum d'éléments pour chacun des points suivants.**

a. *le coupable :* Qui est-il ? (nom, prénom, âge, adresse, profession, signes particuliers)

b. *la victime :* Qui est-elle ? (nom, prénom, âge, adresse, profession, signes particuliers, rapport avec le coupable)

c. *le crime :* De quel type de crime s'agit-il ? Quels en sont les mobiles ? Quelles sont les raisons qui ont conduit le coupable à s'en prendre à la victime ?

d. *l'enquêteur :* Qui est-il ? Comment parvient-il à démasquer le coupable ? Sur quels indices commence-t-il son enquête ? Quelles preuves recueille-t-il ?

Rédaction

Rappel

• Dans un récit policier, il y a un mystère à élucider : il y a eu une disparition ou un meurtre, par exemple.

• Les personnages qui interviennent dans le récit policier sont généralement très typés : il y a la victime, le coupable, l'enquêteur et les témoins.

• Compose la rédaction.

Le détective envoie un télégramme à son client : « ÉPOUSE RETROUVÉE, VENEZ IMMÉDIATEMENT À MON BUREAU ».
Racontez l'entrevue au cours de laquelle le détective livrera les conclusions de son enquête sur la disparition de Crystal.

• Conseils pour t'aider.

1. Attention : ici, tu ne dois pas composer une suite immédiate au texte mais proposer la fin du livre.

2. Ton devoir devra donc être particulièrement bien organisé : le détective explique le déroulement de son enquête et il livre la conclusion à son client.

3. Le télégramme tel qu'il est libellé offre plusieurs possibilités : Crystal a été retrouvée vivante ou bien à l'état de cadavre.

4. Le titre du roman *La Dame du lac* peut te fournir une piste : Crystal a été retrouvée immergée dans le lac.

5. Dès lors, si Crystal n'est pas retrouvée vivante, que penser du télégramme posté à El Paso ? Et si c'était une mise en scène ?

Répertoire

Cherche tous les sens des mots suivants et recopie-les sur ton répertoire.

disparaître frais (nom et adjectif) épais

5 Récit mystérieux

Lis bien le texte

L'héritage de Cornélius

Un jour on apprit qu'il était mort. On n'en fut pas émus. Mais un mois plus tard un notaire m'écrivit. Cornélius de Malicroix laissait un héritage : des terres dans les marécages, quelque bétail, une masure. Et, nommément, il me faisait son héritier.

La famille en fut stupéfaite et s'inquiéta. « Il faut vendre, me conseilla l'oncle Mathieu qui avait du bon sens et une grande expérience. Tu en tireras peu, mais tel que je me l'imagine, ce domaine (il se mit à rire) doit être une terre à soucis. Et quelles gens ! »

On parla aussi des moustiques, des marécages, des miasmes, avec horreur.

– Et surtout n'y va pas ! me supplia tante Philomène si bonne, et que ma santé tourmentait toujours. Tu y prendrais la fièvre quarte. C'est le pays.

– J'irai pour lui, conclut l'oncle Mathieu. Ces choses-là (les héritages, il avait été avoué), ça me connaît un peu.

Tout le monde tomba d'accord pour approuver l'oncle Mathieu. Mais je dis non.

Qu'allais-je voir ? et plus profondément, qu'allais-je découvrir ? Car il me semblait impossible que, dans ce legs, il n'y eût rien à découvrir.

J'écrivis alors au notaire pour lui communiquer mes intentions. Il me répondit en prenant son temps, et il me fournit un itinéraire qui m'étonna. Car il était étrange. Le notaire me fixait un jour, le 15 novembre, et un lieu de rendez-vous. « La diligence vous débarquera, m'écrivait-il, au carrefour de La Gachole. C'est en pleins champs. Un homme vous y attendra. Vous n'aurez qu'à le suivre. Il vous conduira à destination. »

Je ne pris qu'un léger bagage et je partis.

Henri Bosco, *Malicroix*, Gallimard, 1973.

Retiens bien

- Certains textes présentent des informations claires, nettes, précises. Mais une ambiance d'étrangeté domine l'ensemble.
- Comme les héros du texte, le lecteur est inquiet. Il se pose des questions et cherche à percer les mystères dont il se sent à son tour enveloppé.

Observe le texte

Les personnages

1 **Inscris le nom de tous les personnages nommés dans le texte et précise l'essentiel de ce qui les concerne.**

Le déclencheur du récit

2 **Quel élément joue un rôle de déclencheur dans le récit ?**

Les étapes du récit

3 **Un certain nombre d'événements se succèdent. Complète les phrases suivantes pour retracer les grandes étapes du récit dans l'ordre.**

a. Cornélius de Malicroix ....

b. Par une .... du ...., le narrateur apprend qu'il est .... de Cornélius de Malicroix.

c. Il écrit alors au ....

d. Celui-ci, au bout d'un certain temps, lui ....

e. Alors, le narrateur ....

Le temps dans le récit

4 **Certains mots, certaines expressions du texte indiquent clairement les différents moments du récit. Réécris ces mots et ces expressions qui permettent de situer les différentes étapes du récit dans le temps.**

a. .... on apprit qu'il était mort.

b. .... un notaire m'écrivit.

c. J'écrivis .... au notaire.

d. Il me répondit ....

e. Le notaire me fixait un jour, ...

La clôture du récit

5 **Quelle est la dernière phrase de l'extrait ? Recopie-la.**

6 **Peut-on parler ici d'une « conclusion » ? Pourquoi ?**

Comprends le texte

7 **Rédige une phrase courte et claire qui expliquera les mots et les expressions suivantes.**

a. une masure b. une terre à soucis c. un legs

Analyse le texte

Les obstacles que rencontre le narrateur

8 Entre le moment où le narrateur* reçoit la lettre et le moment où il part découvrir les terres qui lui ont été léguées, il se passe un certain temps. De plus, il doit vaincre un obstacle.

a. Qui s'oppose à ce qu'il aille sur les terres de Malicroix ?

b. Pour quelles raisons ?

c. Quelles qualités manifeste alors le narrateur, en se rendant malgré tout sur les terres de Malicroix ?

Le mystère

9 Une ambiance de mystère plane sur tout le récit. L'étonnant, l'étrange ont plusieurs raisons.

a. Qui est Cornélius de Malicroix ? Que sait de lui sa propre famille ?

b. Comment est le domaine de Cornélius ? Qualifie-le à l'aide d'adjectifs et d'expressions empruntés au texte.

c. Quelle attitude a la famille du narrateur dès qu'il s'agit de ce domaine ?

d. Quelle est l'attitude du narrateur face à ce legs inattendu ?

e. Qu'y a-t-il d'étonnant dans la réponse du notaire ?

f. À la place du narrateur, après avoir reçu la seconde lettre du notaire, qu'aurais-tu fait ? Serais-tu parti(e) ? Justifie ta réponse.

À toi d'écrire

Voyage en diligence

10 a. Décris une diligence (tu peux consulter le dictionnaire pour y puiser des informations précises).

b. Les inconvénients du voyage en diligence ; énumère-les en rédigeant tes phrases.

c. Les avantages du voyage en diligence : énumère-les en rédigeant tes phrases.

Départ précipité

11 Écris le scénario d'une histoire en fournissant un maximum d'informations pour chacune de ces grandes étapes.

a. Tu reçois un télégramme (quel en est son contenu ?).

b. Que fais-tu après avoir reçu ce télégramme ?

c. Imagine une suite et fin en rapport avec le début de ton scénario.

Rédaction

Rappel

- Les différents épisodes d'un récit se déroulent dans le temps et dans un certain ordre.
- Pour la clarté du récit, il ne faut pas oublier de fournir des repères au lecteur.
- Ces repères du récit peuvent être :

a. des expressions comme : un jour, il y a trois mois, en octobre 1815, l'année dernière ;
b. des mots-outils comme : alors, puis, depuis, ensuite, etc.

• Compose une rédaction.

Écris un récit qui imitera la structure du texte et dont la dernière phrase sera obligatoirement : « Je ne pris qu'un léger bagage et je partis. »

• Conseils pour t'aider.

1. Il importe avant toute chose de reprendre la structure du texte.

2. N'oublie pas d'être aussi précis que l'est Henri Bosco : il faut fournir au lecteur des informations sur l'auteur de cette lettre, le contenu de son message, les réactions des membres de ta famille et leurs raisons d'agir comme ils le font, les raisons de ta propre détermination.

3. Tout le début devra conduire logiquement à la fin demandée (la dernière phrase de l'extrait) : un départ solitaire pour l'aventure qui durera un certain temps avec un « léger bagage ».

Répertoire

Recopie les mots suivants et leur définition dans ton répertoire.

un notaire
un legs
un héritage
un avoué

Évaluation

Récréa-jeux

Voici dix affirmations portant sur les cinq textes que tu as étudiés dans ce premier chapitre.

1. Avant de répondre, relis les extraits et aussi leurs références (titre de l'extrait, nom de l'auteur, titre de l'œuvre).

2. Réponds en entourant V pour vrai, F pour faux.

3. Vérifie tes réponses dans le corrigé page 82.

4. Compte tes points : 1 point par réponse exacte.

5. Sois très attentif ! Bonne chance !

1	Le texte « Une disparition » est extrait d'un roman policier d'Agatha Christie.	**V**	**F**
2	L'action de « Comment Mme Lefèvre fut conduite à prendre un "quin" » se déroule en Provence.	**V**	**F**
3	Une lettre annonce au narrateur de « L'héritage de Cornélius » qu'il est devenu propriétaire d'un étrange domaine en Normandie. Il s'y rend immédiatement.	**V**	**F**
4	Un petit « quin » en patois normand, c'est un petit chien.	**V**	**F**
5	La servante de Mme Lefèvre se prénomme Rose.	**V**	**F**
6	Le texte « Vive le camping ! » présente trois hommes en train de dresser leur tente sous la pluie, à la tombée du jour.	**V**	**F**
7	C'est un vol de perdreaux qui finalement déclenchera la bagarre entre les Longevernes et les Velrans.	**V**	**F**
8	C'est au Mexique que Chandler situe la scène de « Une disparition ».	**V**	**F**
9	C'est un avoué qui prévient le narrateur qu'il a hérité de son grand-oncle Cornélius de Malicroix.	**V**	**F**
10	« Une belle bagarre » est un extrait du roman de Louis Pergaud : *La Guerre des boutons*.	**V**	**F**

Jeux

Les inconnus à découvrir

Voici des indices qui vont te permettre d'identifier trois personnages que tu as rencontrés dans les extraits de ce chapitre.

a. Lis les indices.
b. Inscris ces noms.
c. Reprends les textes si tu ne parviens pas à répondre.

Inconnu n° 1

L'une de ses tantes se prénomme Philomène, l'un de ses oncles Mathieu.

Il est tenace, obstiné, il n'est pas du tout influençable.

Le mystère l'attire.

Qui est-il ? ....

Dans quel extrait apparaît-il ? ....

Inconnu n° 2

Il a un grand chalet, entouré d'un grand terrain.

Il a une épaisse chevelure brune.

Mais... il n'a plus de femme... elle a disparu...

Quel est son nom ? ....

Dans quel extrait apparaît-il ? ....

Inconnue n° 3

Elle s'effraie facilement, elle est plutôt peureuse.

Elle aime les bêtes.

Elle ne manque pas d'astuces.

Quel est son nom ? ....

Dans quel extrait apparaît-elle ? ....

Les lieux et les hommes

Après avoir relu les textes des pages 10, 14, 18, entoure V (vrai) ou F (faux).

1 L'épouse disparue a passé la frontière brésilienne. **V F**

2 La bagarre se déroule dans un marais. **V F**

3 C'est au bord de la Loire que les campeurs s'installent. **V F**

La description

Qu'est-ce qu'une description ?

Une description est un texte qui présente, avec le plus de précisions possibles, un objet, un ensemble inanimé, comme par exemple : un château fort, un village des Alpes, une collection de peluches, une corbeille de fruits.

Une description doit être très précise : quand ton lecteur a lu ta description, il doit être capable de dessiner ce qu'il vient de lire, que ce soit une bastide provençale, un santon de la crèche de Noël, une plage avec des cocotiers ou la vitrine d'une papeterie.

***Exemple :* Le jardin de Tartarin**

[...] il n'y en avait pas deux comme celui-là en Europe. Pas un arbre du pays, pas une fleur de France ; rien que des plantes exotiques, des gommiers, des calebassiers, des cotonniers, des cocotiers, des manguiers, des bananiers, des palmiers, un baobab, des nopals, des cactus, des figuiers de Barbarie, à se croire en pleine Afrique. [...]

Alphonse Daudet, *Tartarin de Tarascon*, 1872.

Comment réussir une description ?

Les précisions que tu dois fournir pour réussir une description dépendent bien évidemment de la nature de ce que tu veux décrire et de l'aspect de l'objet sur lequel tu souhaites insister (sa couleur, sa beauté, sa forme, son utilisation, etc.).

1 Pour décrire un paysage

Adopte un ordre de présentation en partant par exemple du premier plan ou de la droite.

Décris tous les éléments du paysage :

• *pour un paysage de bord de mer :* l'horizon, la mer, les bateaux, la plage, les estivants, les algues, les coquillages. Pense aussi aux notations de météorologie : quel temps fait-il ? y a-t-il du vent ? de la brise ? fait-il chaud ? très chaud ?

• *pour un paysage de campagne :* les collines qui bordent l'horizon, les villages dans le lointain, les prairies, les vaches, la rivière. Pense aussi aux notations de couleurs, d'odeurs, de calme.

• *pour un paysage urbain :* décris les immeubles, les magasins, les rues, les enseignes, les vitrines, la foule. Pense aussi au bruit, au mouvement, à l'agitation.

2 Pour décrire un objet

Adopte également un plan précis qui renseignera ton lecteur sur les principaux points suivants : aspect général, forme, couleur, matière, format (taille, poids), usage, aspect esthétique (beau / hideux).

Chaque renseignement pourra donner matière à un petit paragraphe délimité par des alinéas*. Des adjectifs qualificatifs bien choisis permettront au lecteur de visualiser l'objet que tu décris.

Les différents types de descriptions

Il existe plusieurs types de descriptions. Toutes n'ont pas la même fonction, la même finalité.

1 La description informatique et technique

Elle donne des précisions concrètes sur un objet en fournissant un maximum de détails. Ce type de description se trouve, par exemple, dans les catalogues de vente et dans les documents publicitaires.

Exemple : pull col boule, 40 % mohair, 25 % laine, 35 % polyamide, tailles 1, 2, 3, 4, 5.
Coloris assortis.
Prix : 30 euros.

2 La description littéraire

C'est celle que tu rencontres le plus souvent dans les extraits de ton manuel de lecture expliquée. Elle décrit un lieu qui va servir de décor à une action. Elle est précise et organisée.

***Exemple :* Le château de Trinquelage**

Tout en haut de la côte, le château apparaissait comme le but, avec sa masse énorme de tours, de pignons, le clocher de sa chapelle montant dans le ciel bleu noir, et une foule de petites lumières qui clignotaient, allaient, venaient, s'agitaient à toutes les fenêtres, et ressemblaient, sur le fond sombre du bâtiment, aux étincelles courant dans des cendres de papier brûlé...

Alphonse Daudet, *Lettres de mon moulin*, 1866.

6 Description d'un objet mystérieux

Lis bien le texte

Vision singulière dans une buée d'ombre

La nuit tombait. À peu près au milieu du fleuve, on voyait une barque. Elle était lourde, noire, et cependant, elle glissait rapidement. Elle offrait au courant impétueux son flanc robuste, et sans dévier d'une ligne, elle allait d'une rive à l'autre, à travers les premières ombres et les vapeurs. À l'avant, elle était bâchée. À l'arrière un homme trapu tenait le gouvernail. Un fil, que j'aperçus alors, mais à peine visible à cause de la nuit tombante, reliait la barque à un câble tendu entre les rives. C'était un bac. La distance et le peu de jour ne me permettaient pas de voir autre chose de l'homme qu'une silhouette massive. Il ne bougeait pas de la poupe. Et sur la barque il était seul. Arrivée au milieu du fleuve la barque s'arrêta. La pluie se remit à tomber et elle enveloppa la vision singulière dans une buée d'ombre. Tout disparut.
Je rentrai en toute hâte.

Henri Bosco, *Malicroix*, Gallimard, 1973.

Retiens bien

- Une description peut être précise et comporter des informations concrètes (poids, couleur, vitesse, apparence, composition en différentes parties, effet produit sur celui qui voit l'objet).
- Mais cette même description peut comporter une part d'ombre et de mystère. Ici, la barque est décrite à la tombée de la nuit, elle a une couleur bizarre, elle est lourde, mais elle avance vite, elle se dirige vers un décor d'ombres et de vapeurs, elle est bâchée, elle a à son bord une silhouette massive.

Observe le texte

1 **Relève deux verbes conjugués à la première personne du singulier.**

....

2 **Qui décrit la barque ?** ....

3 **Dans quels lieux se déroule l'action ? (Recopie deux noms communs qui désignent des éléments de la nature.)**

....

4 **Quel temps fait-il ?** ....

5 **À quel moment de la journée la scène se déroule-t-elle ?** ....

6 **Ce texte se compose d'une description – celle de la barque – mais il comporte aussi :**

a. L'évocation d'une ambiance, d'une atmosphère :
– Relève deux expressions particulièrement fortes et qui sont organisées autour d'un même mot.
– Comment apparaît le paysage ? Quelle impression produisent ces deux expressions ?

b. Le portrait d'un homme :
– Relève trois détails fournis par le texte.
– Ce portrait est-il précis ?
– Quel effet produit cet homme sur le narrateur ?
– De qui s'agit-il, à ton avis ?

Comprends le texte

7 **Donne le sens de chacun des mots suivants.**

a. impétueux : .... c. trapu : ....
b. un câble : .... d. une poupe : ....

8 **Donne un antonyme* de chacun des adjectifs suivants.**

a. lourd : .... b. robuste : .... c. visible : ....

9 **Avec tes propres mots, explique chacune des expressions suivantes.**

a. une vision singulière b. une buée d'ombre

10 **Dresse le champ* sémantique des mots suivants.**

a. le bac b. une ligne

11 **À quels champs* lexicaux appartiennent chacune de ces séries de mots ?**

a. fleuve, courant, rive : ....

b. gouvernail, barque, poupe : ....

Analyse le texte

12 **Relève six mots ou expressions qui décrivent la barque.**

....

....

....

13 **Qualifie cette barque en cinq adjectifs qui insisteront sur l'originalité de cette embarcation.**

....

14 **Quel effet produit cette barque sur le narrateur* ? sur toi ?**

....

....

À toi d'écrire

15 **« Une vision singulière dans une buée d'ombre. » Cette phrase sera le titre d'un paragraphe de cinq lignes que tu rédigeras au passé.**

16 **Compose un texte de dix lignes environ qui comportera obligatoirement les quatre mots suivants : *un fleuve, les rives, une barque, la pluie*. (Choisis l'ordre que tu veux pour agencer ces mots dans ton texte.)**

17 **Écris deux phrases qui aboutiront logiquement à cette troisième phrase : « Je rentrai en toute hâte. »**

18 **Décris un paysage d'automne à la nuit tombante.**
Consignes : le texte ne comportera pas plus de dix lignes.
Tu insisteras sur les couleurs, l'ambiance générale et tu pourras indiquer les sentiments que tu éprouves à la vue d'un tel paysage.

19 **Décris le même paysage que celui que tu as décris dans l'exercice précédent, toujours à la nuit tombante, mais cette fois en été. Insiste sur les sentiments que tu éprouves.**

20 **Tu commandes à un peintre un paysage représentant un fleuve. Tu lui indiques avec précision le type de représentation que tu souhaites : s'agit-il d'un grand fleuve ? d'un fleuve aux dimensions plus modestes ? qu'y a-t-il sur les rives ? à quelle saison le fleuve est-il peint ? quelles couleurs dominent la toile ? etc.**

Rédaction

Rappel

• Une description peut s'attacher à donner des informations sur un objet inquiétant, bizarre, mystérieux.

• Cet objet peu ordinaire, inhabituel, angoissera celui qui le découvre, lui procurera un sentiment de malaise plus ou moins profond.

• Si l'objet est très effrayant, celui qui le découvre pourra aller jusqu'à prendre la fuite.

• Compose une rédaction.

Tu te promènes seul(e) dans la campagne. Soudainement, tu découvres un bâtiment insolite, étrange, mystérieux, que tu n'avais encore jamais vu. Décris ce bâtiment, précise ensuite l'effet qu'il produit sur toi.

• Conseils pour t'aider.

1. Tu dois être seul(e) lorsque tu découvres ce bâtiment.

2. Le sujet te donne un plan que tu dois respecter : découverte du bâtiment, puis effet produit sur toi.

3. Tu ne dois pas présenter une construction ordinaire.

4. Ce bâtiment peut être ce que tu veux : un château (ancien, moderne, habité, en ruine, etc.), une masure abandonnée, une chaumière, un immeuble, etc.

5. Après cette description qui occupera une bonne moitié de ta copie, tu feras part des sentiments que cette découverte t'a inspirés.

Répertoire

Recopie les mots suivants et leur définition dans ton répertoire.

impétueux	robuste	trapu
gouvernail	silhouette	poupe

7 Description merveilleuse

Lis bien le texte

Cocagne

Ce pays s'appelle Cocagne ; plus on y dort, plus on y gagne. Y dormez-vous jusqu'à midi : vous aurez cinq sous et demi. Les murs des maisons sont bâtis de bars, de saumons et d'aloses ; les chevrons des toits sont faits d'esturgeons, des saucisses tiennent lieu de lattes et des tranches de jambon font office de tuiles. Les oies s'en vont toutes rôties à travers les rues, suivies d'un blanc ruisseau de sauce à l'ail. Partout, le long des chemins, sont dressées des tables tendues de nappes blanches : chacun y prend place à son gré, chacun choisit ce qui lui plaît. Qui voudrait, au passage, remplir de victuailles un chariot, le pourrait. Qu'on mange viande de cerf ou d'oiseau qui vole, qu'on mange ragoût ou rôti, nul n'a d'écot à payer. À travers cette contrée heureuse – c'est une vérité bien connue – court une rivière de vin, et sur les bords se pressent coupes de cristal, hanaps d'or et tasses d'argent. Une moitié de la rivière est de bon vin rouge de Beaune, l'autre moitié du meilleur vin blanc d'Auxerre. On y puise, on y boit sans bourse délier.

Pâques y revient quatre fois l'an, et quatre fois aussi la Chandeleur, le Mardi Gras, la Saint-Jean, la Toussaint et Noël ; on fait quatre fois les vendanges. Tous les jours sont dimanches ou jours de fête. Il n'y a qu'un carême tous les vingt ans ; jeûner d'ailleurs est un plaisir puisque du matin jusqu'à none, on peut manger librement chair ou poisson. Trois fois dans la semaine tombe une averse de petits pâtés chauds. On trouve dans les fossés, à boisseaux, deniers et besants ; peu importe : nul n'achète et nul ne vend.

D'après le texte des *Fabliaux et contes* publiés par Barbazan.

Retiens bien

• Une description peut s'attacher à un objet, mais aussi à un pays tout entier.
Ce pays peut être un pays merveilleux, extraordinaire.
Le pays décrit dans cet extrait n'existe pas dans la réalité, il est imaginé par celui qui le décrit et qui est libre d'inventer ce qu'il veut.

Observe le texte

1 Cite trois détails du texte qui font de ce pays un pays merveilleux, extraordinaire.

2 Fais la liste des éléments du décor que décrit l'auteur. (Attention, certains éléments sont présentés en détail et plusieurs mots se rapportent au même élément du décor.)

3 Ce pays existe-t-il réellement à ton avis ? Justifie ta réponse.

4 Combien de paragraphes ce texte comporte-t-il ? Donne un titre à chacun d'eux.

Comprends le texte

5 Donne une expression synonyme de chacune des expressions suivantes.

a. font office de
b. à son gré
c. sans bourse délier
d. peu importe

6 À la manière du dictionnaire, définis, seul, chacun des mots suivants.

a. une oie
b. une nappe
c. Noël
d. les vendanges

7 Cherche les mots suivants dans le dictionnaire et résume avec tes propres mots la définition qui t'est donnée.

a. une alose
b. les esturgeons
c. les victuailles
d. un hanap

8 À chacune de ces séries de mots correspond un mot unique ; lequel ?

a. murs, toits, tuiles : ....
b. bars, saumons, aloses : ....
c. oies, cerfs, oiseaux : ....
d. Chandeleur, Toussaint, Noël : ....
e. cristal, or, argent : ....
f. saucisses, jambon, pâté : ....

9 Qu'est-ce qu'un pays de Cocagne ?

....

10 Cherche une autre expression où se trouve également le mot « cocagne » et donnes-en la définition.

Analyse le texte

11 Ce pays de Cocagne est un pays qui offre un décor merveilleux. Mais il présente également d'autres avantages. L'auteur les mentionne dans le dernier paragraphe. Cite cinq de ces avantages au moins.

12 Trouve cinq adjectifs qui qualifieront la vie (la vie au quotidien et la vie en général) au pays de Cocagne.

....

....

....

....

....

....

....

À toi d'écrire

13 Compose un texte d'une dizaine de lignes qui décrira une ville nommée Bonbon. Les murs des maisons pourront être bâtis dans de la pâte d'amande, les fleuves pourront être de crème fraîche, etc.

14 Compose le menu de tes rêves. Chaque ligne de ce menu présentera un plat ou un mets que tu affectionnes particulièrement. La fantaisie est permise, tu n'es pas obligé(e) de respecter les menus traditionnels : entrée, viande ou poisson, fromage, dessert.

15 Aimerais-tu vivre au pays de Cocagne ? (Réfléchis bien, puis compose deux paragraphes qui présenteront les avantages mais aussi les inconvénients de la vie dans ce pays hors du commun.)

16 Compose un texte de six lignes qui emploiera les mots suivants, dans l'ordre qui est donné ici :
saumon, oie, rivière, manger.

17 Une contrée heureuse. Décris-la en une dizaine de lignes. Emploie le présent de l'indicatif et de nombreux adjectifs qualificatifs.

18 Décris un marché particulièrement animé. Il s'agit d'un marché de Provence ou du sud de la France. Nous sommes en juillet, il fait beau et chaud.

19 Même exercice que le précédent, sauf que... nous sommes en novembre, le mistral souffle, les marchands ont du mal à retenir leur étal, les clients sont rares et pressés.

Rédaction

Rappel

• Une description peut n'avoir que fort peu de rapport avec la réalité que nous connaissons et présenter un univers merveilleux.

• Cet univers merveilleux créé de toutes pièces par l'auteur n'existe que grâce à son imagination.

• Des univers merveilleux de ce genre font en général rêver le lecteur.

• Compose une rédaction.

Décris ce qui serait pour toi le plus merveilleux des pays. Ton devoir présentera une description de ce pays, puis un portrait des gens qui y vivent, et enfin une description du genre de vie que l'on peut y mener. Chaque partie sera d'égale longueur.

• Conseils pour t'aider.

1. Le plan de ton devoir est imposé : pas question d'en choisir un autre. De même, pas question de composer des parties d'inégale longueur.

2. Travaille le style. Relis soigneusement ton brouillon et fais la chasse aux expressions vagues et passe-partout comme : « il y a », « on trouve », etc. Remplace ces expressions par des expressions synonymes et plus appropriées aux situations que tu décris.

3. Le mode verbal qui est vivement conseillé, comme chaque fois que l'on décrit un monde qui n'existe pas, mais que l'on souhaiterait voir exister, est le conditionnel.

Répertoire

Recopie les mots suivants et leur définition dans ton répertoire.

les victuailles	une contrée
un écot	jeûner

8 Description d'une pièce

Lis bien le texte

La chambre des enfants

Ils traversèrent une salle à manger en contournant la table et entrèrent à droite dans la chambre des enfants. Cette chambre contenait deux lits minuscules, une commode, une cheminée, et trois chaises. Entre les deux lits, une porte ouvrait sur un cabinet de toilette-cuisine où l'on pénétrait aussi par le vestibule. Le premier coup d'œil sur la chambre surprenait. Sans les lits, on l'eût prise pour un débarras. Des boîtes, du linge, des serviettes éponge jonchaient le sol. Une carpette montrait sa corde. Au milieu de la cheminée trônait un buste en plâtre sur lequel on avait ajouté à l'encre des yeux et des moustaches ; des punaises fixaient partout des pages de magazines, de journaux, de programmes, représentant des vedettes de films, des boxeurs, des assassins.

Jean Cocteau, *Les Enfants terribles*, Grasset, 1929.

Retiens bien

- La description d'une pièce s'intéresse aux meubles qui se trouvent dans cette pièce et aux objets que l'on y voit : bibelots, tableaux, par exemple.
- La description d'une pièce s'attachera à donner l'impression d'ensemble qui se dégage de cette pièce.
- Dans le cas de cette chambre d'enfants, le désordre, l'accumulation* des objets sont rendus par les répétitions et les accumulations dans le style.

Observe le texte

1 **À ton avis, quelles personnes désigne le « Ils » au début du texte ? (Sois prudent dans les suppositions que tu vas formuler, compte tenu du peu de renseignements que t'apporte le texte.)**

2 **Dans quel ordre l'auteur présente-t-il sa description ?**

3 **À quelle technique celle employée par Cocteau pour décrire cette chambre peut-elle être comparée ?**

Comprends le texte

4 **En un minimum de mots, donne la définition des noms et des verbes suivants.**

a. un vestibule

b. un débarras

c. contourner

d. joncher

5 **Explique le sens des expressions suivantes dans le texte et fais-en un commentaire.**

a. un cabinet de toilette-cuisine

b. une carpette montrait sa corde

6 **Pour chacun des mots ou des expressions suivantes, donne au moins un synonyme*.**

a. minuscule : ....

b. une carpette : ....

c. des vedettes de film : ....

d. des assassins : ....

7 **Dans l'extrait de Jean Cocteau, le mot « commode » est un nom qui désigne un meuble de rangement à tiroirs.**

a. À quelle autre catégorie grammaticale ce même mot peut-il appartenir ?

....

b. Quel est alors son sens ? ....

c. Fournis-en deux synonymes au moins. ....

8 **Voici des mots du texte. Tous appartiennent au même champ* lexical. Lequel ?**

lit – commode – cheminée – chaise – boîte – serviette – carpette

....

Analyse le texte

9 **À chacune des expressions suivantes, fais correspondre un mot unique ou une très courte expression qui traduira l'essentiel de l'information.**

Exemples :
le premier coup d'œil surprenait : le mot que l'on attend est « surprenant » ou « étonnant ».
des boîtes, du linge, des serviettes éponge jonchaient le sol : la réponse que l'on attend est « désordre ».

a. une carpette montrait sa corde : ....

b. des punaises fixaient partout des pages de magazines, de journaux, de programmes, représentant des vedettes de films, des boxeurs, des assassins : ....

....

10 **Raye de cette liste tous les adjectifs qui ne peuvent pas s'appliquer à la chambre des enfants (attention aux pièges !).**

a. luxuriante
b. luxueuse
c. rangée
d. ordonnée
e. agréable
f. pimpante
g. négligente
h. négligée

À toi d'écrire

11 **En respectant très attentivement le plan du texte, métamorphose la chambre : écris un texte dans lequel elle deviendra, d'un coup de baguette magique, rangée, soignée, luxueuse.**

12 **Fais la description de ta chambre, en dix lignes maximum.**

13 **Fais la description de la chambre de tes rêves, en dix lignes maximum.**

14 **En un court paragraphe, réponds à la question suivante : que représente ta chambre, pour toi (un endroit où tu ne te rends que pour dormir, un havre de paix, un refuge, un lieu où tu t'ennuies, te ressources, etc.) ?**

15 **Dans des revues, des magazines ou des catalogues, découpe quatre images représentant des intérieurs de maisons différents comme, par exemple, une salle de séjour, une cuisine, une véranda aménagée, une chambre.**
Pour chaque ensemble, rédige un petit texte de présentation qui le mettra en valeur en insistant sur son confort, sa beauté, son élégance, etc.

Rédaction

Rappel

• La description d'une pièce s'attache à présenter des détails matériels : les meubles, l es bibelots.

• C'est pourquoi les descriptions abondent en termes concrets, comptables, non humains, non animés.

• Mais une description doit aussi produire une impression d'ensemble. Tous les détails convergent pour montrer une pièce propre, ordonnée, rangée, coquette, luxueuse ; au contraire, la description peut présenter une pièce en désordre comme un vrai capharnaüm.

• Compose une rédaction.

Ta rédaction comportera deux parties d'une dizaine de lignes chacune.

a. Description du salon de Clarisse de Barbentane : c'est un salon situé dans un grand château, meublé et décoré avec des objets anciens et précieux.

b. Description de la chambre de Paul, le petit-fils de Clarisse, qui a douze ans. Sa chambre est moderne et... très mal rangée...

• Conseils pour t'aider.

1. Il est clair que les personnalités très différentes des propriétaires des pièces que tu dois décrire te conduiront à imaginer des lieux ayant chacun des particularités importantes et ne se ressemblant en rien.

2. Pour présenter les meubles et les objets décoratifs de ces pièces, tu utiliseras des termes concrets*.

3. Une certaine ambiance devra se dégager de chaque pièce décrite.

Répertoire

Recopie les mots suivants et leur définition dans ton répertoire.

une chambre	un débarras
une salle à manger	une cheminée

9 Description : un guide touristique

Lis bien le texte

Île de SEIN **348 hab. (les Sénans)**

Carte Michelin n° 58 pli 12 ou 230 plis 15, 16.

Cette île, au large de la pointe du Raz, qui n'a pas 1 km^2 de superficie, est très peu élevée (8 m à l'est, 9 m à l'ouest) ; la mer arrive parfois à la recouvrir, comme en 1868 et 1896. Le paysage est nu : pas d'arbres, pas de buissons ; des murets de pierre sèche marquent l'emplacement des anciens champs.

Les hommes et leurs travaux – L'île inspira longtemps une terreur superstitieuse. Au XVIIIe siècle, ses habitants vivaient dans un isolement presque complet. Les îliens étaient pilleurs d'épaves. Aujourd'hui, ce sont des sauveteurs très actifs ; près du môle de débarquement, on pourra voir l'abri du canot de sauvetage. Les hommes sont navigateurs ou pêcheurs, la pêche côtière étant la seule ressource de l'île. Les femmes travaillent les minuscules jardins imbriqués dans les maisons ou ramassent le goémon ; quelques-unes portent encore le « jibilinenn », coiffe noire de deuil à longs pans, qui est devenue la coiffe traditionnelle lors de l'épidémie de choléra de 1886. [...]

VISITE

Le port – Il offre un abri très sûr, de nombreux bateaux de plaisance le fréquentent depuis le balisage des côtes.

Le bourg – Il groupe ses maisons blanches aux volets peints, le long des ruelles qui ont à peine 1 m de largeur pour offrir moins de prise au vent. Sur le tertre proche de l'église, on verra les deux menhirs fichés côte à côte et ainsi appelés les « Causeurs ». À gauche de l'église, au milieu d'un groupe de maisons, le calvaire de Nifran est une simple croix de granit posée sur un socle à palier ; en arrière, se trouve un dolmen.

Guide Michelin, *Bretagne*, 1994.

Retiens bien

- Une description peut avoir une fonction très particulière : renseigner le lecteur sur un lieu (ville, île, pays) qu'il va découvrir.
- Cette description très précise et très ordonnée accompagne le lecteur dans ses visites des lieux et lui fournit un maximum de renseignements.

Observe le texte

1 **Regarde attentivement cet extrait et relève deux détails au moins qui rendent ce texte différent des autres extraits descriptifs que tu as étudiés.**

a. ……

b. ……

2 **Quel titre pourrais-tu donner au premier paragraphe ?**

……

3 **Quel plan l'auteur de ce texte a-t-il suivi pour décrire l'île de Sein ?**

4 **D'après toi, à quel genre particulier de lecteurs ce texte s'adresse-t-il ? À quoi est-ce visible ?**

5 **Qui sont en réalité les héros de ce texte ? Quel est leur nom ?**

a. leur nom propre, en rapport avec le nom du lieu où ils vivent : ……

b. le nom commun qui permet de les désigner comme toutes les personnes qui ne résident ni sur un continent, ni sur une grande île comme par exemple la Grande-Bretagne :

……

6 **D'après le texte, à quelle activité particulière se livraient autrefois les Sénans ?**

……

7 **À quelle activité particulière se livrent-ils de nos jours ?**

……

8 **Hier et aujourd'hui, quel type d'activité économique leur a permis de subsister ?**

……

Comprends le texte

9 **Donne la définition des mots suivants.**

a. un muret
b. le goémon
c. un tertre
d. un récif
e. un écueil
f. une ruelle

10 **En quelques phrases, explique les expressions suivantes avec tes propres mots.**

a. l'île inspira souvent une terreur superstitieuse

b. les îliens étaient pilleurs d'épaves

c. les ruelles ont à peine un mètre de largeur pour offrir moins de prise au vent.

11 **Précise le champ* lexical auquel appartient chaque série de mots.**

a. arbre, buisson, muret de pierres sèches, champ : ....

b. terreur, panique, appréhension, angoisse : ....

c. épave, canot de sauvetage, embarcation : ....

d. goémon, côte, pêche : ....

12 **Voici deux définitions correspondant à deux mots du texte ; lesquels ?**

a. monument mégalithique composé de pierres brutes agencées en forme de table gigantesque : ....

b. monument mégalithique, pierre allongée, dressée verticalement : ....

Analyse le texte

13 **Cette présentation de l'île de Sein comporte plusieurs types de descriptions ; lesquelles ?**

14 **Relève l'essentiel de ce que tu as appris sur les Sénans, grâce à ce texte.**

À toi d'écrire

15 **En une dizaine de lignes, imagine la journée d'hiver ordinaire d'un Sénan. (Conseil : relis le texte ; l'île est très petite, elle comporte peu d'habitants, il y fait froid, le vent souffle fort.)**

16 **Reprends la structure du dernier paragraphe du texte pour composer une description de ville ou de village de ton choix :**
« Il groupe... Sur le tertre proche de l'église, on verra..., à gauche de l'église... »
Cette courte description ne devra pas excéder trois phrases.

17 **Décris en quelques lignes (de cinq à dix).**

a. une toute petite île dans laquelle personne ne vit, perdue au milieu des océans ;

b. une grande île de la Méditerranée tournée vers le tourisme, avec beaucoup de grands immeubles, des hôtels, des complexes sportifs, etc.

c. l'île de tes rêves

Rédaction

Rappel

• Pour que le lecteur-visiteur se repère bien dans les lieux qu'il découvre, il faut multiplier les indications comme : *à gauche, à droite, derrière l'église, au bord de la rivière, au pied de la montagne*, etc.

• Le lecteur-visiteur ayant une vue exacte de l'endroit dans lequel il se trouve et du circuit qu'il va effectuer, il faut lui apporter un maximum d'indications historiques, géographiques, etc., sur les endroits qu'il visite.

• Compose une rédaction.

Choisis un lieu particulier que tu connais bien et décris-le de manière minutieuse, comme si tu rédigeais un guide touristique. Ta copie ne devra pas excéder une quinzaine de lignes.

• Conseils pour t'aider.

1. Choisis un lieu que tu connais parfaitement bien et qui n'est pas trop vaste.

2. Choisis cependant un lieu suffisamment grand pour qu'il y ait des renseignements à donner.

3. Pour « accompagner » ton lecteur-promeneur dans sa découverte des lieux, mets-toi à sa place en pensée et multiplie les repères : à droite, à gauche, devant la mairie, au bord du lac, etc.

Répertoire

Recopie les mots suivants et leur définition dans ton répertoire.

un îlien
le goémon
un dolmen
des écueils
une épave
un menhir
un récif

10 Description d'un magasin

Lis bien le texte

La mercerie de Thérèse

Il y a quelques années, en face de cette marchande, se trouvait une boutique dont les boiseries d'un vert bouteille suaient l'humidité par toutes leurs fentes. L'enseigne, faite d'une planche étroite et longue, portait, en lettres noires, le mot : *Mercerie*, et sur une des vitres de la porte était écrit un nom de femme : *Thérèse Raquin*, en caractères rouges. à droite et à gauche s'enfonçaient des vitrines profondes, tapissées de papier bleu.

Pendant le jour, le regard ne pouvait distinguer que l'étalage, dans un clair-obscur adouci.

D'un côté, il y avait un peu de lingerie : des bonnets de tulle tuyautés à deux et trois francs pièce, des manches et des cols de mousseline ; puis des tricots, des bas, des chaussettes, des bretelles. Chaque objet, jauni et fripé, était lamentablement pendu à un crochet de fil de fer. La vitrine, de haut en bas, se trouvait ainsi emplie de loques blanchâtres qui prenaient un aspect lugubre dans l'obscurité transparente. Les bonnets neufs, d'un blanc plus éclatant, faisaient des taches crues sur le papier bleu dont les planches étaient garnies. Et, accrochées le long d'une tringle, les chaussettes de couleur mettaient des notes sombres dans l'effacement blafard et vague de la mousseline.

De l'autre côté, dans une vitrine plus étroite, s'étageaient de gros pelotons de laine verte, des boutons noirs cousus sur des cartes blanches ; des boîtes de toutes les couleurs et de toutes les dimensions, des résilles à perles d'acier étalées sur des ronds de papier bleuâtre, des faisceaux d'aiguilles à tricoter, des modèles de tapisserie, des bobines de ruban, un entassement d'objets ternes et fanés qui dormaient sans doute en cet endroit depuis cinq ou six ans. Toutes les teintes avaient tourné au gris sale, dans cette armoire que la poussière et l'humidité pourrissaient.

Émile Zola, *Thérèse Raquin*, 1867.

Retiens bien

- Quand un texte est bien construit, son plan apparaît immédiatement grâce aux alinéas*.

Observe le texte

1 **Quel est le plan du texte ? Délimite ses différentes parties et donne-leur un titre. (Aide-toi de la structure en paragraphes et des alinéas*, ainsi que du début de chaque paragraphe : « Il y a quelques années », « Pendant le jour », « D'un côté », « De l'autre côté ».)**

2 **Quel est le nom commun qui, placé en début de texte, revient à la fin du texte pour souligner une particularité de la boutique de Thérèse ?**

....

3 **Qu'est-ce qu'une mercerie ? Même si tu ne connais pas le sens de ce mot, aide-toi du contexte de la description pour construire une définition.**

....

4 **Pourquoi est-ce écrit « Thérèse Raquin » sur une des vitres ?**

....

5 **Qui est Thérèse Raquin ?** ....

....

6 **Pour quelle raison retrouve-t-on ce même prénom et ce même patronyme en références, à la fin de l'extrait ?**

....

Comprends le texte

7 **Donne pour chacun des mots suivants une définition à la manière du dictionnaire ; puis contrôle ta définition dans le dictionnaire.**

a. une vitrine
b. une enseigne
c. lugubre
d. blafard
e. terne
f. une teinte

8 **Donne l'explication de chacune des expressions suivantes. (Travaille d'abord au brouillon et ne recopie ton explication qu'après t'être assuré(e) qu'elle est bien claire.)**

a. un clair-obscur adouci
b. chaque objet était lamentablement pendu à un crochet
c. des loques blanchâtres
d. les bonnets neufs, d'un blanc plus éclatant, faisaient des taches crues sur le papier bleu
e. un entassement d'objets ternes et fanés

9 **Dresse le champ* sémantique de chacun des mots suivants. Réfléchis d'abord seul, puis complète tes réponses en t'aidant du dictionnaire.**

a. un caractère
b. un col
c. sombre
d. vague

Analyse le texte

Les couleurs

10 **Tu es peintre. Tu veux faire un tableau représentant, le plus fidèlement possible, la mercerie de Thérèse Raquin. Commence par recopier, dans l'ordre du texte, seize notations de couleurs. Attention : certaines couleurs sont nommées avec précision, d'autres sont indiquées de manière plus subtile : « jauni » ou « blanchâtre. »**

11 **Quel effet d'ensemble produisent les couleurs que tu as recopiées pour l'exercice 10 ?**

12 **Quels adjectifs peuvent s'appliquer à ce même ensemble de couleurs ? Entoure-les.**

vif	éclatant	gai	fade
terne	criard	brillant	passé

L'époque

13 **Note cinq détails du texte qui te permettent de dater approximativement ce décor.**

....

....

....

À toi d'écrire

14 **En six lignes, présente la boutique de Thérèse Raquin à un lecteur qui ne connaît pas cet extrait. Tu lui décris l'endroit et tu fais également part de ce que tu ressens.**

15 **Décris un lieu de ton choix, en utilisant une seule fois les mots du texte suivants : *humide, lugubre, blafard, terne.***

16 **En reprenant la structure du texte, compose un texte dont voici l'armature : « Il y a quelques années, en face de cette marchande… ; pendant le jour… ; d'un côté…, de l'autre côté… » (dix lignes maximum).**

17 **Décris les magasins suivants, mais sans jamais les nommer dans ton texte. Chacune de tes descriptions, de cinq lignes, doit être si précise que ton lecteur doit identifier le type de magasin à chaque fois.**

a. une librairie

b. une papeterie

c. un magasin de jouets

d. une charcuterie

Rédaction

Rappel

• Dans certains cas, une description gagnera à présenter des notations de couleurs. Il faudra alors préciser de quelles couleurs il s'agit et ne pas hésiter à donner des nuances : blanc n'est pas blanc cassé ou crème. Blanc n'est pas blanchâtre ou blafard.

• Quand un décor est composé de nombreux objets, il faut sélectionner un certain nombre d'entre eux et les décrire le plus minutieusement possible : format, forme, couleur, apparence, matière, usage, aspect général, effet produit sur la personne qui voit ces objets.

• Compose une rédaction.

Décris une boutique de ton choix, qui sera exactement à l'opposé de cette mercerie.

• Conseils pour t'aider.

1. Rien ne t'oblige à reprendre la structure formelle du texte. Tu peux donc choisir le plan que tu souhaites pour ta description.

2. De même, tu as toute liberté pour décrire la boutique de ton choix en fonction de tes goûts : ce pourra être une charcuterie, une pâtisserie, une bijouterie, une librairie, une parfumerie, etc.

3. L'essentiel est de composer un ensemble qui soit à l'opposé de celui que présente le texte de Zola. Cette boutique sera éclairée, lumineuse, vaste, luxueuse, remplie d'objets neufs, rutilants, précieux, etc.

Répertoire

Recopie les expressions suivantes et leur définition dans ton répertoire.

vert bouteille
clair-obscur
blanchâtre
terne
blanc éclatant
taches crues
bleuâtre
fané

Évaluation

Récréa-jeux

Voici douze questions portant sur les extraits que tu viens de lire.

1. Relis d'abord tous les textes (retiens leurs références), puis remplis le questionnaire.

2. Quand tu auras terminé, note-toi ; les bonnes réponses rapportent deux points sauf pour les questions 3, 5, 7, 9 qui ne valent qu'un point.

1	Un pays de Cocagne est un pays merveilleux.	**V**	**F**
2	Le mot « bac » désigne aussi un examen.	**V**	**F**
3	Une carpette est un petit objet qui sert à taper et à tuer les insectes.	**V**	**F**
4	L'île de Sein est située en Normandie, au large de Barneville-Carteret.	**V**	**F**
5	Les dolmens et les menhirs sont strictement identiques.	**V**	**F**
6	L'île de Sein appartenait autrefois au Royaume-Uni.	**V**	**F**
7	Une boutique dans laquelle on vendait autrefois des sous-vêtements et dans laquelle on vend actuellement de menus objets comme du fil, des aiguilles, des canevas à broder est une échoppe.	**V**	**F**
8	« Écot » et « écho » sont des homonymes.	**V**	**F**
9	Proue, ancre, gouvernail sont des termes de marine.	**V**	**F**
10	Thérèse Raquin est l'héroïne du roman qui porte son nom	**V**	**F**
11	L'extrait sur l'île de Sein est tiré d'un roman breton.	**V**	**F**
12	Marcel Pagnol est l'auteur de l'œuvre *Malicroix*.	**V**	**F**

Jeux

Les inconnus à découvrir

Voici des indices qui vont te permettre d'identifier des personnages ou des groupes de personnages que tu as rencontrés dans les extraits de ce chapitre.

a. Lis les indices.

b. Réponds aux questions.

c. Reprends les textes, si tu ne parviens pas à répondre.

Inconnus n° 1

Leur chambre est un véritable capharnaüm.

Qui sont-ils ? ....

Inconnues n° 2

Il leur arrive encore de porter le « jibilinenn ».

Qui sont-elles ? ....

Les lieux mystérieux

Lieu n° 1

Tous les jours sont dimanches ou jours de fêtes.

Quel est ce lieu ? ....

Lieu n° 2

Il est noyé de brume, de buée et de vapeur.

Quel est ce lieu ? ....

Le mot unique

Un seul mot s'applique à chacune de ces séries. Lequel ?

Série n° 1

bar, saumon, alose : ....

Série n° 2

bar, cafétéria, salon de thé : ....

Série n° 3

cristal, or, argent, émeraude : ....

Les sentiments et les états d'âme

Que sont les sentiments et les états d'âme ?

Ce sont des impressions, des sensations, des émotions, tout ce que l'on peut ressentir dans telle ou telle situation.
Certains sentiments sont profonds et peuvent durer longtemps : l'amour, l'amitié, le désespoir.
Certains états d'âme, qui durent moins longtemps, peuvent cependant être intenses : la surprise, la joie, l'étonnement.

***Exemple 1 :* L'éblouissement, l'admiration**

« Je fus ébloui par le plus merveilleux, le plus étonnant spectacle qu'il soit possible de voir. C'était une de ces fantasmagories du pays des fées, une de ces visions racontées par les voyageurs qui viennent de très loin et que nous écoutons sans les croire. »

Guy de Maupassant, *Sur l'eau*, 1888.

***Exemple 2 :* La nostalgie, le regret**

Ô temps charmant des brumes douces,
Des gibiers, des longs vols d'oiseaux !
Le vent souffle sous le préau,
Mais je tiens entre paume et pouce
Une rouge pomme à couteau.

René-Guy Cadou, *Les Amis d'enfance*, Seghers, 1942.

Comment expliquer des sentiments, des états d'âme ?

Exprimer des sentiments, c'est communiquer ce que l'on a éprouvé, ressenti.

• Sentiments et états d'âme sont le plus souvent étroitement liés à des circonstances particulières, à des événements, mais aussi à des personnes. Il faut donc toujours donner au lecteur toutes les précisions qui lui permettront de comprendre dans quelles conditions naissent sentiments et états d'âme.

Après avoir décrit les circonstances dans lesquelles naissent les sentiments, tu décriras le sentiment ou les sentiments successifs (que tu éprouves, en utilisant des termes abstraits) et nuancés.

- **Il n'est pas rare qu'un sentiment ou un état d'âme ait des conséquences physiques et morales sur celui qui les éprouve. Il faut alors les nommer et parfois les décrire brièvement.**

Quelques sentiments particuliers

Les sentiments que tu peux être conduit à décrire sont nombreux : le bonheur, la tristesse, la panique, la crainte, la tendresse, la haine, etc.
Voici quelques exemples de sentiments éprouvés par des écrivains :

Exemple 1 : Les terreurs (de Victor Hugo)

« J'entrais, je saluais, Madame de Chateaubriand ne me voyait pas ; j'étais terrifié. Ces terreurs faisaient de mes visites à M. de Chateaubriand de vrais cauchemars auxquels je songeais quinze jours et quinze nuits d'avance. Mme de Chateaubriand haïssait quiconque venait chez son mari autrement que par les portes qu'elle ouvrait. Je lui étais parfaitement odieux et elle me le montrait. »

Victor Hugo, *Choses vues* (11 février 1847).

Exemple 2 : La joie de vivre (d'Émile Verhaeren)

Dès le matin, par mes grands-routes coutumières
Qui traversent champs et vergers,
Je suis parti clair et léger,
Le corps enveloppé de vent et de lumière.

Je vais, je ne sais où. Je vais, je suis heureux ;
C'est fête et joie dans ma poitrine.

Émile Verhaeren, *Les Forces tumultueuses*, 1902.

Exemple 3 : La terreur de Guy (de Théophile Gautier)

Une terreur insurmontable s'empara de moi, mes cheveux se hérissèrent sur mon front, mes dents s'entrechoquèrent à se briser, une sueur froide inonda tout mon corps.

Théophile Gautier, « *La Cafetière* », *in Contes fantastiques*, 1831.

11 Le découragement et l'angoisse

Lis bien le texte

Nuit de labeur

Depuis longtemps les tramways ne passaient plus sur l'avenue. Les fiacres eux-mêmes avaient cessé de rouler et, dans le silence qui s'étendait maintenant sur la ville, l'horloge de l'église compta tout à coup trois heures. Mme Dalignac se redressa, tandis que sa bouche laissait échapper un souffle court. Elle posa son ouvrage et se leva péniblement pour aller nous faire du thé.

Dès qu'elle fut sortie, je m'aperçus que la lampe baissait. Elle baissait rapidement et j'en ressentis une véritable angoisse. Ce fut comme si une catastrophe s'abattait sur moi et, pendant un instant, je crus que tout était perdu. Je cherchais du secours en me tournant vers la croisée, mais j'étais si troublée qu'il me sembla voir une large draperie lamée d'argent à travers la vitre. Je reconnus presque aussitôt le ciel et son reste d'étoiles sans éclat. En même temps, je compris que le jour se levait et que la lampe devenait inutile, alors je laissai mon corps se tasser dans le repos et je cédai au désir insensé de quelques minutes de sommeil.

Mme Dalignac me réveilla en rentrant avec le thé et ouvrit la fenêtre en disant : « L'air frais va nous faire du bien. » Je frissonnai lorsque l'air frais me toucha. À ce moment j'eusse préféré toutes les mauvaises odeurs à cet air pur qui m'apportait une souffrance plus vive. Cependant je m'y habituai peu à peu et bientôt j'allai m'accouder aussi à la fenêtre. Toutes les étoiles avaient disparu. Le ciel était d'un bleu gris. Et là-bas, du côté du levant, des petits nuages roses s'en allaient en bandes au-devant du soleil. Mme Dalignac versa le thé dans les tasses. Elle le versait doucement pour éviter les éclaboussures et il coulait si noir de la théière qu'on aurait pu croire que c'était du café.

Marguerite Audoux, *Marie-Claire*, Grasset, 1910.

Retiens bien

- Un personnage peut éprouver de la lassitude, du découragement, de l'angoisse.
- Ces sensations, ces sentiments, ces états d'âme ont toujours des raisons précises qu'il faut fournir au lecteur.
- Ils ont des conséquences physiques qui peuvent être violentes : ici l'héroïne frissonne.

Observe le texte

1 **Combien de paragraphes composent le texte ?** ....

2 **Donne un titre au dernier paragraphe.** ....

3 **Quel est l'événement majeur qui se déroule dans le second paragraphe ?**

....

4 **Que se passe-t-il dans le troisième paragraphe ? Quel est l'événement majeur qui est à mettre en rapport avec celui du deuxième paragraphe ?**

....

5 **Ce texte est un extrait en prose, tiré d'un roman. Sa construction est remarquable ; paragraphe 2 : Mme Dalignac sort. Elle revient, c'est le début du paragraphe 3. Quel genre littéraire, qui n'est pas le roman, s'organise aussi autour de l'entrée en scène des personnages ?**

....

Comprends le texte

6 **Lis les mots et expressions suivants, puis réponds aux questions.**

tramways – fiacre – la lampe baissait – la croisée

a. Explique-les rapidement.

b. Quel est leur point commun, d'un point de vue lexical ?

c. Quel genre d'indice nous fournissent ces mots et cette expression ?

7 **Explique à ta manière, avec tes propres mots, chacune des phrases suivantes.**

a. L'église compta trois heures.

b. Je laissai mon corps se tasser dans le repos.

8 **D'un point de vue lexical, quel point commun ont entre eux les mots des deux séries suivantes ?**

a. fiacre, lampe, étoile, tasse : ....

b. angoisse, catastrophe, trouble, silence : ....

À la manière du dictionnaire, rédige la définition du mot « étoile », puis celle du mot « tasse ».
Emploie chacune des expressions suivantes dans une phrase qui mettra son sens en valeur.

a. une catastrophe naturelle

b. une forte angoisse

c. un silence profond

Analyse le texte

Le moment

9 **Relis bien le texte, puis réponds aux questions suivantes.**

a. À quel moment se déroule l'action ? ....

b. Comment appelle-t-on le moment particulier que décrit le dernier paragraphe ? (Réponds par deux noms communs.) ....

Le lieu

10 a. Où se déroule l'action ? (Note les indices qui t'ont permis de répondre.)

b. Dans quel endroit particulier se déroule la scène ?

Les personnages

11 a. Nomme-les.

b. Quel rapport existe-t-il entre Mme Dalignac et la narratrice ?

c. Sachant que Marguerite Audoux était couturière de son état et que *Marie-Claire* est un roman autobiographique, précise le type de lien qui peut exister entre les deux femmes.

L'action

12 a. Relève un mot du texte qui fournit une indication sur l'occupation des deux femmes.

b. Pourquoi cette activité nocturne est-elle exténuante ? Formule des hypothèses.

L'ambiance

13 a. Quels sont les détails qui permettent de l'imaginer ?

b. Qualifie-la.

Les sensations

14 a. Dans quel état physique la narratrice se trouve-t-elle ?

b. Dans quel état d'esprit est-elle ?

c. Quelle expression du texte indique l'intensité de ce qu'elle ressent ?

À toi d'écrire

15 **Fais suivre le titre suivant « Nuit de veille » d'un texte de cinq lignes.**

Rédaction

Rappel

• Un sentiment, des états d'âme ne sont généralement pas les produits du hasard. Une ou plusieurs causes les font naître.

• Ici, l'angoisse et l'épuisement de la narratrice sont liés à l'ambiance dans laquelle elle se trouve (nuit, silence), à sa fatigue physique, morale et nerveuse.

• La réunion de toutes ces conditions crée l'angoisse, la fatigue, l'épuisement.

• Compose une rédaction.

Comme la narratrice dans le texte que tu viens d'étudier, tu as connu un moment de découragement ou d'angoisse. Dans quelles circonstances ? Qu'as-tu éprouvé ?

• Conseils pour t'aider.

1. Le libellé du sujet ne doit pas te laisser supposer que ton devoir comporte deux parties d'égale importance : les circonstances qui ont favorisé un état de découragement ; l'état dans lequel t'ont plongé(e) de telles circonstances.
   Il faudra bien entendu préciser les circonstances particulières dans lesquelles est né le découragement. Mais c'est la seconde partie qui demandera un développement plus grand.

2. Le sentiment que l'on te demande d'analyser pourra naître d'un échec scolaire, d'une difficulté à mener à bien tel ou tel projet, etc.

Répertoire

Recopie les mots suivants et leur définition dans ton répertoire.

l'angoisse
la catastrophe
le trouble
une intense souffrance

12 Le bien-être La douceur de vivre

Lis bien le texte

Scheveningue, morte-saison

Dans le clair petit bar aux meubles bien cirés,
Nous avons longuement bu des boissons anglaises ;
C'était intime et chaud sous les rideaux tirés.
Dehors le vent de mer faisait trembler les chaises.

On eût dit un fumoir de navire ou de train :
J'avais le cœur serré comme quand on voyage ;
J'étais tout attendri, j'étais doux et lointain ;
J'étais comme un enfant plein d'angoisse et très sage.

Cependant, tout était si calme autour de nous !
Des gens, près du comptoir, faisaient des confidences.
Oh, comme on est petit, comme on est à genoux,
Certains soirs, vous sentant si près, ô flots immenses !

Valery Larbaud, *Les Poésies de A. O. Barnabooth*, Gallimard, 1987.

Retiens bien

• Si les textes en prose parviennent à exprimer les sentiments des personnages, la poésie y réussit également.

• C'est parfois par un effet de contraste qu'un auteur exprime avec intensité ce qu'il ressent. Dans le poème de Valery Larbaud, la douceur de vivre est d'autant plus grande que dehors le vent souffle et la mer se déchaîne.

Observe le texte

1 **De quel genre de texte s'agit-il ? Coche la bonne réponse.**

a. extrait en prose ☐ b. poème ☐ c. extrait de théâtre ☐

2 **Combien y a-t-il de strophes ?** ....

3 **Combien chaque strophe comporte-t-elle de vers ?** ....

4 **Les rimes* sont-elles riches*, pauvres* ?** ....

5 **Les rimes* sont-elles plates*, croisées* ou embrassées* ?** ....

Comprends le texte

6 **Donne la définition des expressions suivantes.**

a. la morte-saison
b. avoir le cœur serré
c. un fumoir de navire
d. faire des confidences

7 **Pour chacun des mots suivants, donne trois mots appartenant à la même famille.**

a. clair b. bu c. intime d. doux

8 **Avec tes propres mots, et en te référant au besoin à ton expérience personnelle, explique les expressions suivantes.**

a. J'étais tout attendri, j'étais doux et lointain.
b. Comme on est petit auprès des flots immenses !

Analyse le texte

9 **Où l'action se déroule-t-elle ? (Tu dois fournir deux réponses, l'une plus générale que l'autre.)**

....

10 **Relève quatre indications de ton choix qui décrivent le bar et présentent l'ambiance qui y règne.**

....

....

11 **Relis tes réponses à la question 10 et donne deux adjectifs qualifiant l'ambiance du bar.**

....

12 **Quel temps fait-il dehors ? Pourquoi, à ton avis, le poète fournit-il cette précision ?**

13 **Relis la dernière strophe et particulièrement les deux derniers vers. Quelle est l'idée ?**

....

14 **Relève sept adjectifs ou expressions qui indiquent l'état d'esprit dans lequel se trouve le narrateur.**

15 **Donne à la première strophe un titre qui la résume.**

....

16 **Quel effet l'ambiance du bar produit-elle sur le narrateur ?** ....

....

17 **Qui désigne le « on » ? Comment expliques-tu l'emploi de ce « on » ?**

À toi d'écrire

18 **Reprends la structure de la première phrase et compose une strophe de quatre vers* (avec des rimes* si tu le souhaites).**

Dans le...
Nous avons longuement...
C'était...
Dehors...

19 **Aimes-tu les voyages en train ? Dans les deux cas, justifie ta réponse dans un paragraphe de cinq lignes environ.**

20 **Mets-toi à la place du poète et décris à la fois l'ambiance qui règne dans le bar et celle qui règne dehors.**

21 **Mets-toi à la place du poète et précise les sentiments que tu éprouves, face aux flots immenses, ou au pied d'une grande montagne.**

22 **Compose un texte d'une dizaine de lignes qui commencera par la phrase : « J'avais le cœur serré ».**

Consignes :

a. Temps verbaux : les temps du passé (imparfait, passé simple ou passé composé).

b. Personne verbale : essentiellement la première personne du singulier.

c. Contenu : ne pas oublier de préciser les raisons de cet état.

23 **Rédige un texte d'environ six lignes qui comportera la phrase : « Tout était si calme autour de nous. » Cette expression se placera soit au début, soit au milieu, soit à la fin de ton texte.**

Rédaction

Rappel

• Certains sentiments fins et subtils que l'on peut éprouver ne naissent que dans des ambiances particulières.

• Il faut savoir peindre ou évoquer cette ambiance qui permet aux sentiments d'éclore.

• Rendre les sentiments que l'on a éprouvés demande parfois de la sincérité et de l'humilité. Dans ce poème, Valery Larbaud n'hésite pas à confier qu'il est attendri, qu'il retrouve un esprit et une âme d'enfant, qu'il a un sentiment de petitesse, face à l'immensité de la nature.

• Compose une rédaction.

Quand tu voyages (en voiture, en train, en avion, en bateau, en car) as-tu le cœur serré ? Éprouves-tu une inquiétude vague et diffuse, ou au contraire, es-tu détendu, en pleine forme ?
En une quinzaine de lignes, précise ce que tu éprouves dans ces circonstances particulières.

• Conseils pour t'aider.

1. Le sujet demande que tu sois sincère, que tu exprimes ce que tu as ressenti quand tu as voyagé. Fais donc référence à ton expérience personnelle et ne cherche pas à te présenter avec des qualités que tu n'as pas.

2. Emploie un vocabulaire nuancé, « avoir le cœur serré », c'est éprouver une inquiétude vague, indéfinie ; avoir à la fois de l'appréhension, de la peine, mais sans réelle violence.

Répertoire

Recopie les mots ou expressions et leur définition dans ton répertoire.

intime
attendri
avoir le cœur serré
faire des confidences
angoisse

13 La peur

Lis bien le texte

L'enfant dans la nuit

La pauvre enfant se trouva dans l'obscurité. Elle s'y enfonça. Seulement, comme une certaine émotion la gagnait, tout en marchant, elle agitait le plus qu'elle pouvait l'anse du seau. Cela faisait un bruit qui lui tenait compagnie. Tant qu'elle eut des maisons et même seulement des murs des deux côtés de son chemin, elle alla assez hardiment. De temps en temps, elle voyait le rayonnement d'une chandelle à travers la fente d'un volet, c'était de la lumière et de la vie, il y avait là des gens, cela la rassurait. Cependant, à mesure qu'elle avançait, sa marche se ralentissait comme machinalement. Quand elle eut passé l'angle de la dernière maison, Cosette s'arrêta...

Elle posa le seau à terre, plongea sa main dans ses cheveux et se mit à se gratter lentement la tête, geste propre aux enfants terrifiés et indécis. Ce n'était plus Montfermeil, c'étaient les champs. L'espace noir et désert était devant elle. Elle regarda avec désespoir cette obscurité où il n'y avait plus personne, où il y avait des bêtes, où il y avait, peut-être, des revenants. Elle regarda bien, et elle entendit les bêtes qui marchaient dans l'herbe et elle vit distinctement les revenants qui remuaient dans les arbres. Alors elle ressaisit le seau, la peur lui donnait de l'audace : « Bah ! dit-elle, je lui dirai qu'il n'y avait plus d'eau ! » Et elle entra résolument dans Montfermeil.

Victor Hugo, *Les Misérables*, 1862.

Retiens bien

- Des sentiments peuvent s'exprimer à l'intérieur d'un récit. Le personnage qui éprouve des sentiments agit, il est confronté au monde extérieur et il éprouve des sentiments qui varient, qui évoluent au fil du texte.

Observe le texte

1 **Qui est le personnage principal de cet extrait ? Quel est son prénom ?**

....

2 **Relis l'ensemble du texte et réponds aux questions suivantes.**

a. Où va Cosette ? ....

b. Dans quelles circonstances (lieu et moment) ? ....

....

3 **Reprends toutes tes réponses aux questions précédentes. Rassemble-les de manière à composer une introduction rédigée qui pourrait être placée en tête du texte de Victor Hugo. (Remarque : ces lignes que tu vas rédiger doivent être comparables à celles qui précèdent les textes de lecture expliqués de tes manuels scolaires.)**

Comprends le texte

4 **En un minimum de mots, donne la définition des mots et des expressions suivants.**

a. hardiment : ....

b. machinalement : ....

c. indistinctement : ....

d. résolument : ....

e. terrifié : ....

f. indécis : ....

5 **À la question 4, tu as formulé des définitions pour quatre adverbes. Réécris ces adverbes.**

....

6 **Quelle est la particularité des adverbes ? Comment sont-ils composés ?**

7 **Fournis un maximum de mots appartenant à la famille des mots suivants.**

a. émotion : ....

b. hardiment : ....

c. indécis : ....

d. terrifié : ....

8 **Comment comprends-tu l'expression : « la peur lui donnait de l'audace » ?**

Analyse le texte

9 **Qu'éprouve l'enfant au début du texte ? Comment réagit-elle ? Note quatre expressions de l'extrait.**

10 **Malgré l'émotion qu'elle ressent, l'enfant poursuit sa route hardiment pendant quelque temps. À partir de quel moment commence-t-elle à avoir vraiment peur ? Relève la phrase du texte qui indique ce moment.**

11 **Quels sentiments Cosette éprouve-t-elle alors ? Relève deux expressions et un nom.** ....

....

....

12 **La peur finit par l'emporter sur le courage. La panique, le désespoir vont conduire Cosette à prendre une décision. Laquelle ?**

....

....

....

....

À toi d'écrire

13 **Compose un court paragraphe autour des expressions suivantes.**

a. Une certaine émotion me gagna.

b. Je fus rassuré.

14 **Compose un texte d'une dizaine de lignes qui comportera les mots et expressions suivants, dans l'ordre qui t'est indiqué ici.**

a. Je me trouvai dans l'obscurité.

b. Je vis distinctement des revenants.

c. La peur me donna de l'audace.

15 **Choisis cinq des mots suivants et emploie-les dans un texte de six lignes. Tu es libre de les placer dans l'ordre que tu souhaites.**

émotion – bruit – hardiment – lumière – terrifié – indécis – désespoir – audace

11 **Parmi les titres suivants, choisis-en deux et fais-les suivre d'un texte d'environ six lignes chacun.**

a. Dans l'obscurité

b. Une grande émotion

c. Un enfant terrifié

d. Les revenants

Rédaction

Rappel

• Quand un personnage éprouve des sentiments liés à une action particulière, ses sentiments peuvent varier en fonction des circonstances. Il peut ainsi passer de l'appréhension à la crainte, à l'effroi, à la panique.

• Il faut expliquer au lecteur les causes de ces changements de sentiments. Ainsi dans le texte de Victor Hugo, la peur de Cosette devient plus intense quand elle sort du village et se retrouve en pleine campagne.

• Compose une rédaction.

Imagine les lignes qui précèdent immédiatement cet extrait.

• Conseils pour t'aider.

1. Tu dois t'inspirer du style et du ton de l'extrait pour rédiger ton devoir. Ton texte sera narratif et rédigé aux temps du passé (imparfait, passé simple).

2. Tu dois respecter un certain nombre d'éléments concrets que te fournit l'extrait :
   – la scène se déroule en province, à la campagne ;
   – il fait nuit ;
   – Cosette tient un seau à la main : elle est allée à la rivière pour puiser de l'eau (nous sommes au XIXe siècle).

3. Rappelle-toi que Cosette est une petite fille ; elle a six ans environ. C'est la Thénardier, aubergiste sans cœur et violente, qui a envoyé Cosette à la rivière.

Répertoire

Recopie les mots suivants et leur définition dans ton répertoire.

l'émotion
la hardiesse
l'audace
indécis
terrifié

14 La gaieté La joie de vivre

Lis bien le texte

Battre les champs

Nous passons une journée délicieuse à battre les champs, à entrer jusqu'aux genoux dans la rivière ! Je cours après elles en sautant sur les pierres, que polit le courant.

À un moment, le pied me glisse et je tombe dans l'eau.

Je sors ruisselant, et je m'en vais, le pantalon tout collé et pesant, m'étendre au soleil. Je fume comme une soupe.

« Si nous le tordions ? » dit une cousine, en faisant un geste de lessive.

Elles vont de leur côté, derrière une pierre qui les cache mal, ôter leurs bas ; elles ont les jambes trempées, quoi qu'elles en disent... et si blanches !

Enfin nous voilà séchés, et nous repartons joyeux.

Nous avons les yeux clairs, la peau brillante. Nous prenons des chemins bordés de mûres, et pleins de petites prunes violettes qui sont aigres comme du vinaigre, et que nous mangeons à poignées, – j'avale les noyaux pour faire l'homme.

On se fâche, on se perd ! Mais on se retrouve toujours, bras dessus, bras dessous, raccommodés et curieux : moi, racontant ce que je fais à Saint-étienne, les farces de collège ; elles, disant des gaietés de pension, ceci, cela, et finissant par crier :

« Laquelle aimez-vous le mieux de nous deux ?

– Laquelle aimes-tu mieux ? » dit carrément Marguerite, qui jette le vous par-dessus les moulins et se plante devant moi.

Ne sachant que répondre, je les embrasse toutes deux.

On me fouette la figure avec une fleur et l'on s'écarte pour me bombarder de prunes violettes.

Jules Vallès, *L'Enfant*, Hachette, 1879.

Retiens bien

- Un sentiment comme la joie de vivre peut être partagé par plusieurs personnes en même temps. Dans ce cas, chacun exprime, par des mots et des gestes qui lui sont propres, ce qu'il ressent.

Observe le texte

1 **Où se déroule la scène ? Relève un maximum de mots appartenant au décor.**

2 **Souligne les adjectifs de cette liste qui s'appliquent au décor décrit par le texte.**

champêtre campagnard urbain rustique banlieusard

3 **Quel temps fait-il ? Relève les indications du texte qui te permettent de répondre.**

4 **Avec des adjectifs de ton choix – qui respecteront le sens du texte –, complète les phrases suivantes.**

a. Les conditions de cette journée sont ……………………

b. Le décor est ……………………

c. Le temps est ……………………

d. L'ambiance est ……………………

5 **Avec des adverbes de ton choix, complète les expressions suivantes – en respectant l'esprit du texte.**

a. La journée se déroule …………………… .

b. Les enfants s'entendent …………………… .

c. Tout se passe …………………… bien.

(Souviens-toi qu'un adverbe peut modifier un autre adverbe.)
Compose trois phrases comportant chacune deux adverbes. Tu peux reprendre les phrases que te propose l'exercice si tu le désires. Tu peux également inventer trois nouvelles phrases.

Comprends le texte

6 **Donne la signification des verbes suivants, dans le texte.**

a. polit : ……………………

b. ruisselant : ……………………

c. bombarder : ……………………

7 **En t'aidant du contexte, explique chacune des expressions suivantes.**

a. battre les champs : ……………………

b. le pied me glisse : ……………………

c. les gaietés de pension : ……………………

d. Marguerite qui jette le vous par-dessus les moulins : ……………………

……………………

8 **Quel est le double point commun entre les deux expressions suivantes (du point de vue de la construction et du point de vue des éléments choisis) ?**

a. je fume comme une soupe

b. des prunes aigres comme du vinaigre

9 **Que font les enfants ? Cite cinq de leurs activités en résumant le texte, avec tes propres mots.**

....

....

10 **Quel verbe unique peut s'appliquer à toutes ces activités ?**

....

11 **Trouve deux titres parfaitement adaptés au texte.** ....

....

Analyse le texte

12 **Relève trois expressions qui indiquent que les enfants s'amusent bien.**

....

....

13 **Quels sentiments unissent les trois enfants ?** ....

....

14 **Quelle est l'évolution de leur relation au cours du texte ?** ....

....

À toi d'écrire

15 **Voici des expressions du texte de Jules Vallès. Emploie-les dans des textes de cinq à six lignes, soit au début, soit à la fin de ton texte comme indiqué.**

a. et nous repartons joyeux (fin du texte)

b. nous prenons des chemins bordés de mûres (début)

c. et je tombe à l'eau (fin)

16 **Voici trois titres. Chacun d'eux sera suivi d'un texte de cinq lignes, ayant naturellement un rapport avec son titre.**

a. une journée délicieuse

b. les gaietés de pension

c. on me bombarde de prunes violettes

Rédaction

Rappel

• Quand plusieurs personnes partagent le même sentiment en ayant une activité commune (ou des activités communes), il faut :
– présenter ces personnes et les caractériser, de manière à ce que le lecteur ne les confonde pas les unes avec les autres ;
– décrire ce qu'elles font ;
– exprimer les sensations, les états d'âme qui sont les leurs, ainsi que les sentiments qu'elles éprouvent.

• Compose une rédaction.

Raconte une journée ou un moment extraordinaire passé avec des amis (récit au passé, d'une vingtaine de lignes).

• Conseils pour t'aider.

1. Tu dois te référer à ton expérience et puiser dans tes souvenirs pour rédiger ce devoir.

2. Au fur et à mesure que tu composes ton texte, vérifie que tu es bien dans le sujet demandé et que tu ne t'égares pas.

3. Comme dans le texte, attache-toi à être précis :

   a. *les personnages :* qui sont-ils ? nomme-les ; quelles relations ont-ils avec toi ? entre eux ?

   b. *le décor :* où se déroule l'action (ou les actions) ? quel temps fait-il ?

   c. *l'action :* que faites-vous ?

   d. *l'ambiance :* n'hésite pas à la caractériser à l'aide d'adjectifs qualificatifs ou d'adverbes.

Répertoire

Recopie les mots et expressions suivants et leur définition dans ton répertoire.

battre la campagne
une journée délicieuse
ôter
les yeux clairs
brillante

15 L'enthousiasme

Lis bien le texte

L'enfant modèle

Tous les matins je me levais de bonne heure ; j'avais dès ce temps-là envie de dormir, mais je disais tous les soirs à maman de me réveiller de bonne heure le lendemain, à six heures juste, parce que j'avais à travailler ; maman n'y manquait pas ; elle-même se réveillait tous les matins à six heures juste, hiver comme été, pour travailler à rempailler des chaises... Cela me faisait de la peine de me lever parce que j'étais lourd et que j'aimais dormir, et qu'il était de bonne heure ; mais brusquement, je me représentais l'école et alors, d'un seul geste, je me jetais à bas du lit, pieds nus sur les carreaux. À cette heure-là, ma grand-mère n'était pas encore levée ; mais déjà le poêle rouge ronflait dans la maison chauffée ; je me mettais à l'ouvrage et je travaillais assidûment, sérieusement, précieusement, et aussi bien dans mon genre que maman dans le sien ; je faisais mes devoirs et j'apprenais mes leçons... ; à sept heures et demie sonnant, je me débarbouillais, je cirais mes sabots, je me lavais les mains, je m'habillais, tous les matins à la même heure et avec la même vitesse, au lieu qu'avant d'aller à l'école, je faisais tout cela un peu plus tard, au hasard de la journée. Je déjeunais en trempant un bon morceau de pain dans une tasse de café noir bien chaud. Maman m'embrassait, ma grand-mère m'embrassait sur le pas de la porte. Je partais pour la classe du matin...

Charles Péguy, *Les Cahiers de la quinzaine*, Gallimard, 1992.

Retiens bien

- L'idée principale d'un texte, son thème dominant, peut être suggérée tout au long du texte, sans jamais apparaître en toutes lettres sous la plume de l'auteur.
- Plusieurs lectures attentives de l'extrait permettent d'identifier le thème développé.

Observe le texte

1 **Qui parle ?** ....

2 **Que signifie l'expression « enfant modèle » ?** ....

3 **Peux-tu citer un titre de roman pour la jeunesse écrit par une femme (que tu as peut-être lu ou dont tu as entendu parler) et qui est composé d'un article au pluriel + un adjectif qualificatif + un nom commun + « modèles ». Dans ce titre, « modèles » a le même sens que dans l'extrait de Charles Péguy.**

....

4 **À quel genre particulier de texte appartient cet extrait ?** ....

5 **À quel genre particulier de roman appartient cet extrait, à ton avis ?**

....

6 **À quelle heure se réveillent le narrateur et sa mère ?** ....

7 **Quel est le travail de la mère du narrateur ? De cette indication, tire deux commentaires.**

8 **Bien que l'enfant aime dormir, il n'a que peu de difficultés à se lever le matin. Pour quelles raisons ?**

9 **Que fait l'enfant, avant même de prendre son petit déjeuner ?**

....

10 **Quel est le temps verbal employé ici ? Quelle est sa valeur particulière ?**

....

11 **Fais deux commentaires sur l'expression : « je cirais mes sabots ».**

a. commentaire ayant un rapport avec le temps, avec l'histoire

b. commentaire ayant un rapport avec le caractère du narrateur

Comprends le texte

12 **Avec tes propres mots, donne une expression synonyme de chacune des expressions suivantes.**

a. J'avais à travailler ....

b. Maman n'y manquait pas ....

Analyse le texte

c. J'étais lourd. ....

d. Je me mettais à l'ouvrage. ....

e. Un bon morceau de pain. ....

13 **Dresse le champ* sémantique des mots suivants.**

a. lourd b. la peine c. les devoirs

14 **Quels sont les principaux traits de caractère de l'enfant ? Fais suivre chacune de ces expressions d'un terme abstrait* désignant une qualité. Quand tu ne trouves pas de termes abstraits, choisis une expression synonyme.**

a. Tous les matins, je me levais de bonne heure. ....

b. J'avais à travailler. ....

c. Brusquement, je me représentais l'école... je me jetais à bas du lit. ....

d. Je travaillais assidûment, sérieusement, précieusement. ....

15 **Quels sont les sentiments qu'éprouve l'enfant ? Tu peux reprendre les expressions de l'exercice précédent pour répondre à la question.**

....

....

À toi d'écrire

16 **Voici une structure de texte que tu dois compléter de manière à rédiger un texte court, mais cohérent. (Interdiction de reprendre le texte de Péguy, en le résumant, par exemple.)**

a. Tous les matins, je...

b. J'avais dès ce temps-là...

c. Mais je disais tous les soirs à maman...

d. Parce que...

17 **Aimes-tu faire « la grasse matinée », te lever tard quand tu en as la possibilité ? Réponds en quelques lignes et en exprimant sincèrement les raisons qui te sont personnelles.**

18 **Dans cet extrait, le narrateur évoque son petit déjeuner. Compose un texte argumenté d'une dizaine de lignes dans lequel tu convaincras un interlocuteur de ton choix de l'importance de bien déjeuner le matin.**

Rédaction

Rappel

• Dans certains textes, les sentiments et les états d'âme ne sont pas exprimés en toutes lettres, mais ils apparaissent au fil du texte.

• En lisant attentivement le texte, le lecteur découvre, déduit les sentiments du personnage ou du narrateur d'un texte.

• Dans le texte de Charles Péguy, l'enfant est enthousiasmé par l'école, qui est le centre et le bonheur de sa vie. Tout le texte exprime cet amour de l'école, cette volonté de réussite scolaire qui fait le bonheur de l'enfant.

• Compose une rédaction.

Aimes-tu l'école ? Dans tous les cas, justifie ta réponse.

• Conseils pour t'aider.

1. Attention, ce devoir est un peu différent de ceux que tu as composés jusqu'à présent.

2. Ce devoir s'inspire du thème du texte, l'amour de l'école, pour te faire réagir personnellement sur le même thème.

3. Tu dois emprunter tes réponses à ton expérience personnelle, mais tu dois également réfléchir.

4. Tu dois bâtir un plan, parce que ta réponse sera probablement nuancée. Tu donneras :

   a. les raisons pour lesquelles tu aimes l'école ;

   b. les raisons pour lesquelles tu n'aimes pas l'école.

   Chaque idée de chacun des deux paragraphes fournira matière à une phrase claire. Rappelle-toi toujours cette règle de base fondamentale : une idée – une phrase ; une phrase – une idée.

Répertoire

Recopie les mots suivants et leur définition dans ton répertoire.

brusquement
assidûment
précieusement
bien
sérieusement

Évaluation

Récréa-jeux

Voici dix questions portant sur les cinq textes que tu viens d'étudier.

1. Avant de répondre, relis les textes, les questions et tes réponses.

2. Méfie-toi des pièges !

3. Corrige-toi, quand tu as tout fini, en consultant le corrigé de la page 93.

4. Compte tes points : 1 point par réponse exacte.

5. Sois très attentif et bonne chance !

Donne une expression synonyme de « la saison creuse ».

....

En compagnie de quelles personnes le narrateur découvre-t-il la campagne dans l'extrait « Battre les champs » ? ....

Où Cosette se rend-elle ? Que va-t-elle y faire ?

....

Qu'est-ce qu'un enfant modèle ? ....

....

Pour quelle raison l'enfant modèle se lève-t-il à six heures du matin ?

....

Est-ce exact que le texte de Péguy commence ainsi : « Longtemps, je me suis couché de bonne heure... »

....

Quel est le bruit qui effraie le plus Cosette ? ....

Que boivent Marie-Claire et sa patronne afin de se tenir éveillées ?

....

Deux extraits présentent une rivière qui joue un rôle dans le texte. Lesquels ?

....

À quelle occupation l'héroïne et sa patronne se livrent-elles dans le texte « Nuit de labeur » ? Quand ? Pourquoi ? ....

....

Jeux

Les inconnus à découvrir

Voici des sentiments, des états d'âme, des attitudes, des habitudes de vie qui caractérisent des personnages présents dans les textes de ce chapitre. À l'aide de chaque série de renseignements, précise le nom de chacun d'eux et les références de l'extrait dans lequel il apparaît.

Inconnu n° 1

Sa mère et sa grand-mère doivent en être fières.
Il est appliqué, méthodique et organisé.
Il éprouve une grande pitié filiale.

Qui est-il ? ....

Inconnue n° 2

Elle est obéissante, zélée, serviable.
Elle est tenace, courageuse, pleine de bonne volonté.
Sa résistance physique est inférieure à sa résistance morale.

Qui est-elle ? ....

Inconnues n° 3

Elles sont gaies, joyeuses, dynamiques, franches, spontanées, bavardes.

Qui sont-elles ? ....

Points communs

Repense aux circonstances dans lesquelles se déroulent les extraits (lieu, moment, époque, caractère des personnages) et donne un mot ou une expression unique qui s'applique à chacun des trois ensembles.

- Nuit de labeur – L'enfant dans la nuit ....
- Nuit de labeur – L'enfant modèle ....
- Scheveningue – Dans les champs ....

Corrigés

1 Récit de la vie quotidienne

1 L'action se déroule dans une petite maison, le long d'une route, en Normandie, au centre du pays de Caux.

2 Une maison **isolée** à la **campagne**.

3 Mme Lefèvre et Rose.

4 Rose est la bonne / la domestique / l'employée de Madame Lefèvre.

5 Les autres personnages sont les voisins.

6 Un fermier se détache du groupe. Il leur dit : « Vous devriez avoir un chien. »

7 On vole une douzaine d'oignons dans le jardin qui entoure la maison.

8 Une nuit.

9 Dès le lendemain matin.

10 « Ce fut une désolation et une terreur. »

11 Les deux femmes supposent que les voleurs ont enjambé le mur et ont sauté dans la plate-bande.

12 Les deux femmes sont affolées et « elles s'épouvantaient pour l'avenir. » (ligne 10)

13 Les voisins réagissent en se rendant sur place, en faisant des constatations et en discutant.

14 Il leur propose de prendre un chien : « Vous devriez avoir un chien. »

15 a. Un **larcin** est un petit vol.

b. **Effarées :** effrayées, épouvantées.

c. **Parcimonieuse :** économe, chiche, avare.

d. **Ostensiblement :** au vu et au su de tout le monde.

16 a. Elle descendit en jupe de laine, c'est-à-dire qu'elle ne prend pas le temps de finir de s'habiller tant elle est pressée.

b. Les deux femmes sont désolées et terrifiées. En employant les mots à la place des adjectifs, l'auteur insiste sur l'importance que prend l'événement.

c. La répétition du participe passé « volé » insiste sur l'émotion des deux femmes et sur l'aspect incroyable de l'incident.

d. Cette expression familière et locale est affectueuse pour désigner un petit chien ordinaire.

17 a. ... habitent à la campagne.

b. ... on leur vole une douzaine d'oignons.

c. ... sont effrayées.

d. ... de prendre un petit chien.

e. ... craint cette dépense.

f. ... Rose est favorable au projet.

g. ... les deux femmes décident de prendre un petit chien.

18 a. Elle refuse parce qu'elle est parcimonieuse et redoute la dépense qu'occasionnerait le chien.

b. L'avarice, la mesquinerie.

c. La phrase qui va des lignes 21 à 23.

2 Récit amusant

1 Il y a deux personnages : le narrateur et son ami qui est son interlocuteur.

2 Ils essaient de monter une tente de camping.

3 L'action se déroule le soir. C'est important dans la mesure où les campeurs sont probablement fatigués par leur journée et n'ont plus beaucoup de temps pour monter leur tente avant la nuit noire, situation qui ne facilite pas leur tâche.

4 Les circonstances sont particulièrement mauvaises : c'est le soir, ils sont trempés, il y a de l'eau dans le bateau, tous les objets sont mouillés, il y a de la boue, du vent et la pluie ne cesse de tomber à seaux.

5 a. Le narrateur parvient à monter la tente de son côté (lignes 9 et 10).

b. Il tire dans l'autre sens (« il se met à haler du sien »).

c. Tout est démoli.

6 a. Le côté de la tente qu'il était à nouveau parvenu à monter retombe.

b. Les deux amis s'énervent et s'injurient mutuellement.

7 a. boueux.

b. la sortir des sacs et la déplier.

c. tirer.

d. dites-vous en poussant des rugissements comme un lion.

e. une sorte de marteau.

8 a. Un travail qui demande une force exceptionnelle comparable à celle du héros de la mythologie grecque, Hercule.

b. Tu as tout cassé.

9 a. *Paragraphe 1 :* Les circonstances de l'action ; *paragraphe 2 :* La situation s'améliore ; *paragraphe 3 :* Première tentative.

b. Des tirets précèdent les phrases. Les tirets servent à introduire les paroles des personnages. Il s'agit d'un dialogue.

c. *Titre :* « La colère monte ». Les choses vont de plus en plus mal. Au fur et à mesure que la colère monte, la tente devient de plus en plus difficile à monter.

10 a. La toile est très sèche et légère.

b. Un travail facile / qui n'exige aucune force particulière.

11 a. et b. Niveau de langue familier.

12 a. Qu'est-ce que tu fais donc ?

b. Espèce de sot !

Ce texte est moins amusant : la colère et l'agacement des deux amis qui perdent leur sang-froid a disparu.

13 Les prairies sont inondées à cause des fortes pluies qui se sont abattues sur la région depuis une semaine.

C'est une région humide : il y pleut souvent et beaucoup.

Le sol est détrempé : mettez vos bottes !

14 **Bruine :** petite pluie très fine et souvent froide qui résulte de la précipitation du brouillard.

Crachin : pluie fine et serrée.

Ondée : pluie soudaine et de courte durée.

Averse : pluie soudaine et abondante.

15 – Ils erraient dans le désert et espéraient découvrir ce lieu magnifique où grâce à l'eau pousse la végétation et vivent les hommes.

– Ce matin, j'ai couru pieds nus dans l'herbe pour sentir toutes les gouttelettes d'eau invisibles dans les herbes de la prairie.

– Blanche et pure, elle recouvre tout le paysage : les prés, les arbres, mais aussi les murs et les toits des maisons.

16 *Exemples de textes :*

a. Nous nous embarquâmes à Marseille. Notre première escale fut Palerme. Puis nous nous dirigeâmes vers la Crète et c'est au large de la

Canée que nous mouillâmes pendant une semaine dans une rade superbe.

b. Nous nous levions avec le soleil et nous allions faire notre toilette au lavoir du village. Les après-midi, pendant ces sept jours, nous allions sur les flancs de la montagne cueillir des fleurs sauvages. Tous les soirs, nous organisions des veillées devant la tente.

c. Nous avions étalé sur les berges de la rivière tout ce que nous avions apporté : salades, viandes froides, fruits et boissons. Nous dévorâmes toutes nos provisions en contemplant le vol des libellules qui rasaient l'eau.

3 Récit mouvementé

1 Il s'agit d'enfants d'une douzaine d'années.

2 Le mot « cailloux » indique le type de « munitions » dont il s'agit.

3 Les guerriers sont comparés à des chats.

4 Ils sont ensuite comparés à de l'eau qui va bouillir.

5 Des corbeaux.

6 a. Avec résolution, courage, ardeur.

b. De manière sourde, cachée, qui n'apparaît pas.

c. Violent et grave, qui annonce un événement dramatique.

d. Inquiétant, sinistre.

7 a. Bâton gros et lourd, qui sert à frapper.

b. Arme blanche, à pointe et à tranchant, à lame plus ou moins recourbée.

c. Arme à longue hampe (long manche de bois), terminée par un fer pointu.

8 a. Pour se battre, se taper en toute conscience, les enfants avancent les uns à la rencontre des autres.

b. Les enfants qui sont concentrés sur l'effort qu'ils vont fournir et qui sont très en colère ont des plis sur le front.

c. À un moment donné, les deux chefs se retrouvent face à face, tellement proches l'un de l'autre que leurs nez pourraient se toucher.

d. Les enfants courent les uns vers les autres avec beaucoup de violence et sans éprouver aucune pitié pour leurs ennemis.

9 Les Velrans : L'Aztec ; Les Longevernes : Lebrac, Camus et Grangibus.

10 Colère, énervement, haine.

11 Leurs visages ainsi que leurs attitudes reflètent leurs sentiments. Ils avancent résolument, sourcils froncés, yeux terribles, fronts plissés, dents serrées, hérissés, terribles, les yeux décochant des éclairs, les poings tremblaient de rage, les lèvres frémissaient.

12 Les enfants se mesurent ; avant de s'affronter, ils s'observent.

13 Avant la bataille ; la bataille.

14 Un vol de corbeaux.

15 a. Comme des chats qui se guettent.

b. Pas un ne disait mot.

c. Ils s'arrêtèrent.

16 *Exemples de textes :*

a. Les élèves se tenaient immobiles, pâles et très ennuyés, face à leur professeur. Pas un ne disait mot. Chacun d'entre eux espérait qu'un de ses camarades briserait le silence. Et le silence de plus en plus pesant devenait insupportable.

b. Un grand silence tragique et sombre s'était apesanti sur la place du village. Tous les regards étaient fixés sur Jean. Parviendrait-il à sauver les enfants en arrêtant le manège subitement devenu fou et qui tournait de plus en plus vite ?

c. Soudain, Clarisse sortit un mouchoir de dentelle de sa poche et se tamponna les paupières très délicatement. Cela déclencha tout. Ce geste élégant détendit ses neveux et ses nièces qui, tous en même temps, éclatèrent en sanglots.

17 *Exemples :*

a. La maison dormait. Mais Alain restait anxieux, en proie à une hantise sourde. De son côté, Alice veillait également ; un pressentiment l'oppressait. Les douze coups de minuit sonnèrent à l'église du village. Mais le silence qui s'ensuivit ne dura que quelques secondes. Le cri qui le suivait glaça la maisonnée d'épouvante.

b. Le magasin ouvrit ses portes dès sept heures. La clientèle, alléchée par les prix et par les soldes, était venue de tout le pays. Les clientes se précipitèrent vers les vêtements et vers les cosmétiques, courant, bousculant tout le monde sur leur passage.

18 *Exemple :* Il est mince et joli garçon. D'habitude, il est gai et plein d'esprit. Aujourd'hui, il est hors de lui : il ne retrouve plus les clés de sa voiture alors qu'il doit aller à un rendez-vous très important. Blême de colère, il met la maison à feu et à sang et pousse des hurlements.

4 Récit policier

1 Le narrateur, le mari de Crystal. Sont nommés : Crystal, qui a disparu, Chris Lavery, deux autres « types » qui sont copropriétaires dont Bill Chess.

2 a. Le premier demande au second d'enquêter sur la disparition de sa femme.

b. Le second promet au premier d'y arriver : « OK, dis-je, je retrouverai votre femme. »

c. Il est enquêteur, détective privé.

d. L'enquêteur, le second personnage de l'extrait qui apparaît à la ligne 3. C'est lui qui pose les questions et qui apparaîtra ensuite tout au long du texte pour raconter le déroulement de l'enquête.

3 Les personnages secondaires sont ceux qui sont nommés par l'homme qui demande au détective d'enquêter sur la disparition de sa femme. Voir réponse à la question 1 : les personnages qui sont nommés dans le texte. Ils pourront éventuellement servir de témoins à l'enquêteur.

4 *Noms de lieux :* Puma Point, Little Fawn Lake, El Paso, le Mexique, Derace Kinsley 965, Carlson Drive, Beverly Hills.
Noms de personnes : Bill Chess, Chris Lavery, Crystal.
L'action se déroule aux États-Unis, à la frontière mexicaine et au Mexique.

5 L'action se déroule dans le bureau du commanditaire de l'enquête (la table : ligne 3, puis ligne 22 : fauteuil, tiroir fermé à clé).

6 Sa femme a disparu, après lui avoir envoyé un télégramme.

7 a. mariée.

b. inconnu.

c. néant.

d. après le 14 juin, 9 heures 19, d'après le mari.

e. El Paso, Mexique.

f. a envoyé un télégramme à son mari.

g. fuite à l'étranger, désir de divorcer, désir de se remarier.

h. on ne sait pas.

8 a. depuis plus d'un mois.

b. elle n'a donné aucune nouvelle.

9 On peut supposer qu'il dispose d'une certaine aisance, compte tenu de l'importance de sa propriété, de son assurance naturelle, de l'autorité avec laquelle il s'adresse au détective.

10 Des sentiments on ne peut plus tièdes. Il a attendu avant de la faire rechercher et ne semble pas inquiet ni ennuyé de sa disparition.

11 par curiosité : pour savoir ce qu'elle est devenue ; par obligation : c'est une obligation légale de signaler à la police la disparition de ses proches.

12 a. C'est une maison entièrement en bois, accrochée au flanc de la montagne.

b. On l'expédie ou on le reçoit. C'est un petit papier qui permet de communiquer rapidement des nouvelles urgentes.

13 *Exemples :*

a. Norton, Alexandre ; 28 ans,
• 4 rue des abricotiers, 71999 Roche-sur-Saône
• carreleur
• très myope, porte toujours des lunettes de soleil.

b. Richard, Paméla ; 26 ans,
• 8 rue de l'abreuvoir, 71543 Pacoule-sur-Loire
• ouvreuse de cinéma, a été fiancée avec le coupable

c. crime passionnel : la victime a été étranglée avec la ceinture de son imperméable, à la sortie du cinéma.
Mobile : l'ex-fiancée voulait épouser un Argentin.

d. Jacques Amroisini, inspecteur de police
Il démasque le coupable parce que les amies de la victime le dénoncent.
Indice : la ceinture porte les empreintes de l'ex-fiancé.
Autres preuves : témoignages divers de personnes ayant aperçu le couple quelques minutes avant l'heure présumée du crime.

5 Récit mystérieux

1 *Noms des personnages :*
• le notaire : il donne la nouvelle du décès et fixe le rendez-vous ;
• Cornélius de Malicroix : parent décédé du narrateur dont il a fait son héritier ;
• la famille du narrateur : oncle Mathieu qui a été avoué, tante Philomène qui est d'un naturel inquiet ;
• un homme qui attendra le narrateur au carrefour des routes ;
• le narrateur qui devient héritier de Cornélius de Malicroix et qui brave sa famille pour se rendre sur ses terres.

2 La lettre du notaire annonçant le décès et l'héritage.

3 a. meurt.
b. lettre... notaire, ... héritier...
c. notaire.
d. répond.
e. décide d'aller visiter son nouveau domaine.

4 a. Un jour.
b. Un mois plus tard.
c. alors.
d. en prenant son temps.
e. le 15 novembre.

5 « Je ne pris qu'un léger bagage et je partis. »

6 Il s'agit d'une conclusion concernant l'extrait, mais aussi d'un nouveau départ vers des aventures.

7 a. C'est une maison abandonnée et qui tombe en ruines.

b. C'est un domaine agricole qui n'est pas facile à cultiver, à administrer et qui pose des problèmes à celui qui le gère.

c. C'est un héritage, une succession, un don.

8 a. Sa famille et notamment son oncle Mathieu et sa tante Philomène.

b. Parce que son oncle pense que c'est une terre à soucis, un domaine qui ne mérite pas le déplacement et qu'il faut le vendre.

c. Du courage, de la personnalité, de la curiosité, de la force de caractère.

9 a. C'est un parent du narrateur (son grand-oncle). Sa propre famille sait peu de choses sur lui. Il vivait seul sur son domaine, loin de sa famille.

b. Marécageux, plein de moustiques et de miasmes ; des terres dans les marécages, une terre à soucis.

c. Une attitude de refus, de mépris.

d. Il est curieux, attiré par ce domaine qu'il veut aller découvrir.

e. Elle met du temps à parvenir au narrateur. Le lieu du rendez-vous est curieux tout comme la personne – un homme – qui viendra attendre le visiteur.

10 Voiture à chevaux qui servait à transporter les voyageurs et parfois aussi le courrier. **Inconvénients :** les trajets durent longtemps, le confort est inexistant : on est mal assis, cahoté, ballotté, il y a des courants d'air. **Avantages :** on a le temps d'admirer les paysages, celui de faire connaissance avec les autres passagers.

11 Compose un scénario plausible, vraisemblable.

Évaluation

1 Faux, il s'agit de Raymond Chandler.

2 Faux, c'est en Normandie.

3 Faux, le texte ne précise pas dans quelle région se situe le domaine ; en réalité, il s'agit de la Camargue.

4 Vrai.

5 Vrai.

6 Faux, ils ne sont que deux dans l'extrait.

7 Faux, c'est un vol de corbeaux.

8 Faux, il s'agit des États-Unis.

9 Faux, c'est un notaire ; c'est l'oncle Mathieu qui a été avoué.

10 Vrai.

Les inconnus à découvrir

Inconnu n° 1 : Le narrateur, héritier de Cornélius de Malicroix. « L'héritage de Cornélius », page 22.

Inconnu n° 2 : On ignore son nom que le texte ne précise pas ; il commande une enquête à un détective privé : il veut retrouver son épouse disparue. « Une disparition », page 18.

Inconnu n° 3 : Il s'agit de Rose, la servante de madame Lefèvre. « Comment madame Lefèvre fut conduite à prendre un "quin" », page 6.

Les lieux et les hommes

1 Faux, il s'agit de la frontière mexicaine.

2 Faux, c'est dans une clairière.

3 Faux, aucune précision n'est fournie dans l'extrait. En réalité, il s'agit de la Tamise.

6 Description d'un objet mystérieux

1 J'aperçus, je rentrai.

2 Un observateur dont on ignore tout.

3 Dans la campagne : au milieu du fleuve, une rive.

4 Il pleut (ligne 9).

5 À la tombée de la nuit (ligne 1).

6 a. « Les premières ombres et les vapeurs » ; « une buée d'ombre ». Le paysage est sombre, inquiétant ; une impression de mystère et d'angoisse domine.

b. Un homme trapu, une silhouette massive, il ne bougeait pas.
– Ce portrait est précis quant à la silhouette (trapue, massive), mais incomplet : on ne distingue rien d'autre à cause de l'ombre.
– Il lui fait peur, l'effraie.
– Le passeur du bateau qui relie une rive à l'autre pour d'éventuels passagers.

7 a. violent.
b. une chaîne ou une corde.
c. gros, massif.
d. arrière d'un navire.

8 a. léger.
b. frêle.
c. invisible.

9 a. un spectacle étonnant, mystérieux.
b. une sorte de vapeur faite d'obscurité.

10 a. bateau à fond plat, récipient mobile dans un réfrigérateur, récipient pour les plantes, baccalauréat.
b. direction, trajet, caractères disposés sur une page, ensemble de produits d'une même gamme.

11 a. cours d'eau
b. bateau.

12 Lourde, noire, elle glissait rapidement, flanc robuste, sans dévier d'une ligne, bâchée à l'avant, reliée à un câble, c'est un bac, elle est au milieu du fleuve, c'est une vision singulière.

13 Lourde, sombre, robuste, massive, étrange.

14 Le narrateur est fasciné / effrayé par cette barque.

15 *Exemple :* Je cherchais vainement à distinguer ce qui effrayait tant Jean-Marie et Anne. J'avais beau écarquiller les yeux, je distinguais à peine la silhouette massive du château qui se profilait sur le noir de cette nuit d'automne.

16 *Exemple :* Au cours des dernières vacances, je suis allée passer une journée à la campagne avec mes cousins. Nous avons pris la barque de mon grand-père pour descendre le fleuve jusqu'à l'île aux oiseaux. Nous avions décidé d'y passer la journée, mais soudain une pluie diluvienne s'est mise à tomber. Le brouillard était tel que nous n'apercevions plus les rives du fleuve. Nous avons dû regagner la terre ferme en toute hâte.

17 *Exemple :* Le téléphone sonna et l'on vint me prévenir que ma mère avait un message urgent à me communiquer. Je pris aussitôt l'appareil : on avait coupé la ligne. Je rentrai en toute hâte.

18 *Exemple :* Les arbres de la forêt semblaient plus grands qu'en plein jour. Les verts, les ocres et les marrons commençaient à se confondre. De la terre montait une bonne odeur d'humus et de végétaux. Je me sentais cependant perdu dans l'immensité de plus en plus sombre et je devenais légèrement inquiet.

19 *Exemple :* Les arbres bruissaient dans le vent et toutes les couleurs de la forêt, du vert sombre des sapins au jaune des boutons d'or de la clairière jetaient un dernier et superbe éclat dans la nuit tombante. L'odeur des mousses était particulièrement douce. Je me sentais tellement bien que j'aurais voulu passer la nuit à la belle étoile.

20 *Exemple :* Un fleuve de dimensions moyennes ; les rives sont désertes (arbres, herbes, pâturages) ; le fleuve est peint en été ; les couleurs dominantes sont le vert et le bleu.

7 Description merveilleuse

1 Plus on y dort, plus on y gagne ; les oies s'en vont toutes rôties à travers les rues ; nul n'achète et nul ne vend.

2 Les murs des maisons, les chevrons des toits, les tuiles, les rues, les chemins, une rivière, les fossés.

3 C'est un pays purement imaginaire dans lequel domine l'invraisemblable et qui ne peut exister dans la réalité.

4 *Deux paragraphes :* description du pays de Cocagne (jusqu'à la ligne 13) ; fêtes et festins à Cocagne (lignes 14 à 20).

5 a. servent à.

b. à sa convenance, à sa guise.

c. sans dépenser un sou.

d. cela n'a pas d'importance.

6 a. Oiseau palmipède au plumage blanc et gris.

b. Linge qui sert à couvrir la table du repas.

c. Fête célébrée le 25 décembre en commémoration de la naissance du Christ.

d. Cueillette des raisins mûrs pour la fabrication du vin.

7 a. Poisson apparenté aux sardines et aux harengs.

b. Poissons qui vivent en mer et vont parfois pondre dans les grands fleuves.

c. Les aliments, les vivres.

d. Grand vase à boire, en métal, monté sur un pied et muni d'un couvercle.

8 a. maison.

b. poisson.

c. animal.

d. fête.

e. matériau.

f. charcuterie.

9 Pays imaginaire où l'on a tout en abondance.

10 **Un mât de cocagne :** mât au sommet duquel sont suspendus quelques objets et friandises qu'il faut aller détacher en grimpant.

11 **Autres avantages du pays de Cocagne :**
- les fêtes y sont très nombreuses ;
- les vendanges ont lieu quatre fois par an ;
- tous les jours sont dimanches ou fêtes ;
- on trouve de l'argent dans les fossés ;
- nul n'achète et nul ne vend.

12 Douce, agréable, gourmande, facile, paisible.

13 *Exemple :* À Bonbon, les maisons ont des murs en pâte d'amande. Les cheminées sont en caramel. Les ponts qui enjambent les fleuves de crème à la vanille ou les ruisseaux de sirop de grenadine sont en nougatine. Des nounours en chocolat tiennent des magasins dans lesquels, moyennant un sourire, chaque enfant peut obtenir toutes les friandises qu'il désire.

14 Respecte quelques règles de diététique !

15 **Avantages :** vie simple, facile, absence de stress, de soucis, de contraintes, de problèmes matériels...

Inconvénients : indigestion, monotonie, mollesse, paresse, ennui...

16 *Exemple :* Un saumon vêtu d'un pantalon à carreaux avait donné rendez-vous à Miss Daisy, une oie mignonne comme un cœur et bête comme... un âne... Ils s'installèrent sur les berges de la rivière et se mirent à manger des chocolats glacés, friandise qu'ils préfèrent entre toutes, comme chacun sait.

17 Ce peut être une contrée réelle ou imaginaire.

18 Essaie de rendre l'ambiance.

19 Même conseil que pour l'exercice 18.

8 Description d'une pièce

1 Des personnages qui se rendent dans la chambre des enfants. Il peut s'agir des enfants eux-mêmes seuls ou accompagnés d'amis.

2 Ordre de la description : l'itinéraire pour aller dans la chambre, les meubles, la porte, l'impression d'ensemble, la cheminée.

3 La technique cinématographique : une caméra fait découvrir les lieux.

4 a. Porte d'entrée.

b. Endroit où l'on remise des objets qui encombrent ou dont on ne se sert plus ou peu.

c. Faire le tour de, passer autour.

d. Couvrir, être jeté çà et là.

5 a. Une petite pièce qui sert à la fois de cabinet de toilette et de cuisine. Ce ne doit pas être confortable, ce n'est pas luxueux mais révèle au contraire une certaine pauvreté.

b. Le tissu est usé jusqu'à la corde, donc très ancien, en très mauvais état. Ce détail indique également une certaine pauvreté des lieux.

6 a. très petite.

b. un tapis.

c. des « stars ».

d. des criminels.

7 a. adjectif qualificatif.

b. pratique.

c. fonctionnel, pratique.

8 Noms communs, concrets, comptables, inanimés.

9 a. Usure / pauvreté / négligence.

b. Désordre / abondance / pauvreté de la décoration.

10 Il faut tout rayer sauf « h ».

11 *Exemple :* Tu peux conserver la première phrase telle quelle.
Cette chambre contenait deux immenses lits, une commode, une cheminée et trois chaises. Entre les deux lits, une porte ouvrait sur un luxueux cabinet de toilette où l'on pénétrait aussi par le vestibule. Le premier coup d'œil sur la chambre enchantait. Sans les lits, on l'eût prise pour un salon. Des statuettes, des plantes vertes, des tapis, des bibelots superbes décoraient la pièce. Un tapis moelleux donnait envie d'y marcher pieds nus. Au milieu de la cheminée trônait un buste en marbre d'une grande valeur et d'une élégance raffinée. Des paysages de Provence, des marines, des natures mortes et des portraits d'ancêtres éclairaient les murs.

12 **13** **14** Soigne la présentation et l'orthographe.

15 Tu peux naturellement prendre un catalogue spécialisé dans le mobilier.

9 Description : un guide touristique

1 Les détails sont :

a. la référence (carte Michelin, etc.) ;

b. les sous-titres (le port ; le bourg) suivis d'une seule phrase ou d'un paragraphe court.

2 Présentation, description générale de l'île de Sein.

3 Plan suivi par l'auteur : présentation générale de l'île – présentation des habitants et de leurs habitudes – description du port, du bourg.

4 Ce texte s'adresse à des personnes qui vont visiter l'île de Sein (« on pourra voir l'abri du canot de sauvetage », « on verra les deux menhirs »). Le texte donne à voir ce qu'il évoque et que découvrent en réalité les lecteurs.

5 a. les Sénans.

b. des îliens (et non des insulaires).

6 Ils étaient pilleurs d'épaves.

7 Ils sont navigateurs ou pêcheurs.

8 La pêche côtière.

9 a. un petit mur.

b. les algues marines.

c. petite butte, petit monticule.

d. rocher ou groupe de rochers à fleur d'eau dans la mer.

e. rocher ou banc de sable à fleur d'eau contre lequel un navire risque de se briser.

f. une petite rue.

10 a. L'île faisait très peur aux étrangers et peut-être que cette peur n'était pas complètement fondée, mais liée à des rumeurs.

b. Les habitants de l'île vivaient du pillage des bateaux naufragés.

c. Les ruelles sont les plus étroites possible de manière que le vent s'y engouffre le moins possible.

11 a. Paysage.

b. peur.

c. navigation.

d. la mer.

12 a. Menhir.

b. dolmen.

13 **Description :**
– des lieux, des modes de vie et mœurs des habitants ;
– de la manière dont les étrangers perçoivent l'île.

14 Reprends le texte et note les informations dans l'ordre du texte.

15 *Exemple :* Soisic se lève à huit heures et boit son café en scrutant le large pour deviner le temps qu'il va faire dans la journée. Elle étudie les vagues, l'épaisseur de leur écume et le vol des oiseaux.
Puis elle se met à son travail de dentellière et s'y emploie jusqu'à midi, heure à laquelle elle sort, se dirige vers le port pour assister à l'arrivée du bateau d'Audierne. Elle bavarde avec ses amies avant de revenir déjeuner de galettes de sarrasin.
L'après-midi, si le temps le permet, elle fait le tour de l'île mais le plus souvent, la force du vent et le froid la cantonnent dans sa chaumière à sa tâche de dentellière.
Le soir, elle se rend chez des voisines et autour d'un verre d'hydromel, les Sénanes évoquent le passé aventureux et prestigieux de leurs ancêtres.

16 Suis bien les consignes.

17 *Exemples :*

a. C'est un petit lopin de terre perdu au milieu des océans. Battue par les vents, en hiver, l'île abandonnée résiste vaillamment aux pluies et aux grands froids.
Écrasée de soleil l'été, elle se fendille et se craquèle. Y a-t-il une source dans ce désert ? Nul ne le sait, nul ne le saura jamais.

b. Elle est ceinturée d'une immense plage sur laquelle se presse une foule de touristes avides de chaleur et de soleil.
Derrière la plage : le périphérique. C'est une large avenue qui borde l'île et qui est encombrée du soir au matin.
Donnant sur l'avenue, de hauts immeubles se dressant au-dessus de galeries marchandes luxueuses où se trouvent des chaussures, des vêtements, des parfums, des tableaux, des antiquités.
N'oublierait-on pas que l'on est ailleurs que dans une île ? Ne se croirait-on pas au cœur d'une métropole ?

c. Laisse libre cours à ton imagination !

10 Description d'un magasin

1 Lignes 1 à 6 : présentation générale du magasin de Thérèse Raquin.
Lignes 7 et 8 : description de l'intérieur du magasin.
Ligne 9 à 17 : description d'un côté de la mercerie.
Lignes 18 à 24 : description de l'autre côté de la mercerie.

2 L'humidité (ligne 2 et ligne 24).

3 Une mercerie est une boutique où l'on vend des marchandises destinées à la couture, aux travaux d'aiguille.

4 Thérèse Raquin est le nom de la mercière et celui du magasin.

5 Thérèse Raquin est la mercière et la propriétaire des lieux.

6 Le roman porte le nom de l'héroïne principale dont il relate la vie.

7 a. Devanture vitrée d'un local commercial, espace derrière cette vitre dans lequel on expose des objets à vendre.

b. Panneau portant une inscription, un emblème, un symbole, qu'un commerçant ou un artisan met à son établissement.

c. Qui est signe de mort, de deuil, qui inspire une profonde tristesse.

d. D'une teinte pâle et sans éclat.

e. Qui manque de brillant, qui reflète peu ou mal la lumière.

f. Couleur plus ou moins mêlée, plus ou moins intense.

8 a. La lumière et les ombres adoucies se mêlent pour former une sorte de pénombre.

b. Les objets sont suspendus sans art, sans recherche, à des crochets, ce qui produit une impression de tristesse, de désordre.

c. Des morceaux d'étoffe, des chiffons, des vêtements sans forme, d'une couleur qui tire sur le blanc.

d. Par rapport aux loques blanchâtres, les bonnets dont le blanc est plus vif font un violent contraste avec le papier sur lequel ils sont posés.

e. Un tas d'objets sans fraîcheur, sans couleur, sans gaieté.

9 a. **Un caractère :** marque, signe distinctif – élément d'une écriture – signe ou ensemble de signes distinctifs – ensemble des manières habituelles de sentir et de réagir qui distinguent un individu d'un autre.

b. **Un col :** cou – partie rétrécie d'une bouteille – dépression formant passage entre deux sommets montagneux.

c. **Sombre :** peu éclairé – qui est mêlé de noir, foncé – dont les pensées, les sentiments sont mêlés de tristesse – déplorable, lamentable.

d. **Vague :** vide de culture, de construction – que l'esprit a du mal à saisir, confus – qui est mal défini, imprécis.

10 Vert bouteille, lettres noires, caractères rouges, papier bleu (2 fois), clair-obscur adouci, jauni, blanchâtres, obscurité transparente, blanc plus éclatant, taches crues, chaussettes de couleur, notes sombres, effacement blafard et vague, laine verte, boutons noirs, cartes blanches, boîtes de toutes les couleurs, perles d'acier, papier bleuâtre, objets ternes et fanés, gris sale, poussière.

11 Un effet curieux : les couleurs sombres et grisâtres dominent pour donner une impression de tristesse et de saleté.

12 Fade, terne, passé.

13 Les boiseries de la boutique – l'enseigne faite d'une planche de bois – les vitrines tapissées de papier – les bonnets – les manches de mousseline – les crochets de fil de fer – les chaussettes sur une tringle – les résilles à perle d'acier.
Datation : fin du XIXe siècle, début du XXe siècle.

14 C'est une boutique sombre et humide. Mal agencée, mal rangée, elle offre un entassement hétéroclite d'objets jaunis, blanchâtres, vieillis. Tout y respire l'ennui, la tristesse et la mort.

15 *Exemple :* On parqua les prisonniers dans un cachot humide et lugubre. Un jour blafard éclairait à peine cette prison dont le moins que l'on puisse dire c'est que la vie allait y être bien terne dans l'attente de la libération prévue pour le soir.

16 *Exemple :* Il y a quelques années, en face de cette marchande se dressait un merveilleux bazar.
Pendant le jour, la clientèle ne cessait d'aller et de venir, poussant des exclamations de surprise et d'admiration.

D'un côté, les comestibles ; tout ce qui se mange sur terre trouvait place sur les rayonnages : dattes, saucissons, mangues, pâtés, dragées, cerises, etc.
De l'autre côté, ce n'était que parfums, bijoux, soieries, sacs de soirée, livres, tableaux et bibelots précieux.

17 *Exemples :*

a. On y trouve tous les livres qui sont publiés au monde et que l'on peut lire à notre époque, des plus anciens aux plus contemporains. De somptueux livres d'art côtoient des romans et des albums de bandes dessinées.

b. Toutes les fournitures de bureau et toutes les fournitures scolaires s'y trouvent soigneusement rangées. Des papiers glacés, vergés, moirés en passant par les gommes et les stylos, les crayons, les feutres sans oublier naturellement les cahiers, les carnets et les classeurs.

c. À droite, sont alignés des poupées et des objets en peluche. Au centre du magasin, des boîtes de formats divers proposent une multitude de jeux de société. À gauche, se trouvent les trains électriques et les jeux vidéo.

d. Jambons crus et cuits s'élèvent en pyramide à côté des pâtés et des terrines. Des spécialités italiennes jouxtent des spécialités lyonnaises qui rivalisent avec des têtes de veau qui semblent sourire au client.

Évaluation

1 V	**2** V	**3** F
4 F	**5** F	**6** F
7 F	**8** V	**9** V
10 V	**11** F	**12** F

Les inconnus :

n° 1 : les enfants (page 38).

n° 2 : les Bretonnes de l'île de Sein (page 42).

Les lieux mystérieux :

Lieu n° 1 : Cocagne (page 34).
Lieu n° 2 : le fleuve (page 30).

Le mot unique :

Série n° 1 : poissons.
Série n° 2 : lieux dans lesquels on peut boire et se restaurer.
Série n° 3 : matières précieuses.

11 Le découragement et l'angoisse

1 Trois.

2 Souffrance.

3 La sortie de Mme Dalignac.

4 Le retour de Mme Dalignac dans la pièce.

5 Le théâtre.

6 a. Moyens de transports en commun – voiture à cheval – elle éclairait de moins en moins – la fenêtre.

b. Ce sont des mots ou des expressions que l'on n'emploie pratiquement plus de nos jours. Ce sont des **archaïsmes**.

c. Ils nous renseignent sur l'époque à laquelle se déroule l'action. C'est une époque révolue.

7 a. La cloche de l'église sonna trois coups.

b. Elle se recroquevilla dans le sommeil.

8 a. Noms concrets.

b. Noms abstraits.
Étoile : tout astre visible, excepté le Soleil et la Lune.
Tasse : petit récipient à anse ou à oreilles, servant à boire.

a. À la suite d'une catastrophe naturelle, la région a été déclarée zone sinistrée.

b. Fabien a éprouvé une forte angoisse qui s'est immédiatement dissipée quand il a vu les résultats de ses analyses sanguines.

c. Un silence profond régna après le sermon que le principal adressa aux élèves.

9 a. Pendant la nuit.

b. L'aube, l'aurore.

10 a. Dans une ville : tramways, avenue, la ville.

b. Dans une pièce de l'appartement qui n'est pas la cuisine.

11 a. Mme Dalignac et la narratrice.

b. Un rapport qui n'est pas d'intimité puisque la narratrice désigne toujours son interlocutrice en faisant précéder son nom de « Mme ».

c. Mme Dalignac est la patronne ; la narratrice est son employée, son ouvrière.

12 a. Ouvrage.

b. – Parce que les deux femmes ont déjà une journée de travail derrière elles.
– Parce qu'il est fatigant de coudre à la lumière artificielle.
– Parce que les deux femmes travaillent dans des conditions stressantes.

13 a. Le silence de la nuit. – La fatigue des deux femmes.

b. Fatigue, souffrance, douleur.

14 a. L'épuisement

b. L'angoisse

c. Une véritable angoisse / une souffrance plus vive.

15 Nous étions bien décidés à ne pas fermer l'œil de la nuit pour passer une nuit blanche. Afin de lutter contre le sommeil, nous avons longuement bavardé, mangé des tas de bonbons et fait un gros effort pour ne pas sombrer dans le sommeil.

12 Le bien-être, la douceur de vivre

1 b.

2 Trois.

3 Quatre.

4 Pauvres.

5 Croisées.

6 a. La saison creuse.

b. Être oppressé, inquiet.

c. Le salon réservé aux fumeurs.

d. Se confier, livrer le fond de son cœur.

7 a. Clairement, clarté, éclaircir, éclaircissement.

b. Beuverie, boisson, buvable.

c. Intimité, intimement, intimisme.

d. Douceur, doucement, adoucir.

8 a. J'étais dans un état de douce rêverie, loin de toutes préoccupations matérielles et concrètes.

b. Comme on se sent faible et mortel en comparaison de la mer immense !

9 Dans un petit bar, au bord de la mer.

10 Meubles bien cirés, rideaux tirés, fumoir de navire, calme.

11 Paisible et chaleureuse.

12 Il y a un vent violent. De manière à insister sur la chaleur et le confort qui règnent dans le bar.

13 Petitesse de l'homme face à la nature.

14 Le cœur serré, attendri, doux, lointain, plein d'angoisse, sage, petit.

15 Douceur d'un bar confortable.

16 Elle l'amollit, l'émeut, le calme, le rend méditatif.

17 « On » désigne l'humanité tout entière. Le narrateur associe ses lecteurs et tous les hommes à sa pensée. Ce qu'il ressent est ce que ressentirait tout le monde en de pareilles circonstances.

18 Dans les fauteuils, émerveillés,
Nous avons longuement travaillé
C'était agréable et charmant
Dehors soufflait un vent violent

19 et 20 Réponds avec franchise.

22 J'avais le cœur serré. C'était la première fois que je me rendais dans un hôpital et j'appréhendais terriblement cette visite. Sylvie m'avait dit que les couloirs étaient impressionnants. Quand j'ai vu Émile en train de rire dans son lit, en chantonnant « finie, l'appendicite », j'ai tout de suite été rassurée.

23 Nous avions peine à croire qu'une bande de mutins avait investi les locaux de la télévision après avoir renversé le gouvernement. Tout était si calme autour de nous.

13 La peur

1 Une enfant, Cosette.

2 a. Elle va chercher de l'eau à la rivière.

b. Dans la nuit (obscurité, ligne 1). La rivière est située à l'extérieur du village, dans un endroit noir et désert (ligne 13).

3 Une fillette, Cosette, a été envoyée à la rivière pour y chercher de l'eau. C'est la nuit, la campagne est déserte, l'enfant, quoique courageuse, est terrifiée.

4 a. De manière audacieuse / courageuse.

b. À la manière d'une machine / sans réfléchir.

c. Confusément.

d. Avec courage / énergie.

e. Apeuré.

f. Perplexe.

5 Hardiment, machinalement, indistinctement, résolument.

6 Les adverbes sont invariables.

Ils sont formés de l'adjectif au masculin (hardi, résolu) suivi du suffixe en « ment » ou du féminin de l'adjectif suivi du suffixe en « ment », ce qui est la règle générale.

7 a. émotif, émotionnel, émotionnellement, émotionner.

b. Hardiesse, hardi.

c. Indécision, décision, décider, décisif.

d. Terreur, terroriser, terrifier.

8 La petite fille trouve du fond de sa peur un certain courage, une sorte d'énergie du désespoir.

9 Une certaine émotion. Elle fait du bruit afin de se rassurer. – « Elle agitait le plus qu'elle pouvait l'anse du seau. » – « Elle alla assez hardiment. » – « Cela la rassurait. » – « Sa marche se ralentissait. »

10 Elle commence à avoir peur quand elle quitte le village. « Quand elle eut passé l'angle de la dernière maison, Cosette s'arrêta ».

11 Elle est très effrayée.
« Elle plongea sa main dans ses cheveux et se mit à se gratter lentement la tête. » « avec désespoir »

12 Elle retourne au village sans avoir accompli sa mission : remplir son seau d'eau.

13 a. Quand je fus dans le stade et que je vis Greg sur la piste, une certaine émotion me gagna. Elle fut à son comble quand le départ fut officiellement donné.

b. Je fus rassuré quand je vis Greg prendre un excellent départ, puis une bonne avance qui devait lui permettre de remporter la médaille d'or.

14 Dans cette maison inconnue et perdue au fond des bois, j'étais seul. J'entendis des bruits bizarres.
Je me trouvai dans l'obscurité la plus totale. Je vis distinctement des revenants. Après tout, c'était normal. N'étais-je pas dans une maison hantée ? La peur me donna de l'audace. Je m'approchai d'eux et les saluai.

15 Mots choisis : bruit, lumière, terrifié, désespoir, audace.
Aucun bruit, aucune lumière. J'étais terrifié et ma situation devenait de plus en plus tragique. Comme je ne voulais pas sombrer dans le désespoir, je décidai avec audace de me diriger vers la forêt.

16 *Exemples :*

a. Dans l'obscurité
L'obscurité permet d'évaluer le courage de chacun. Il faut se mesurer avec les forces sombres, les apprivoiser et se frayer un chemin dans le noir à coup de volonté et d'audace.

b. Les revenants
Ils habitent l'aile droite du château et s'y plaisent surtout en hiver quand un vent violent fait claquer les volets et grincer les portes. Ils sont charmants et très bien élevés. Ils adorent le chocolat à la noisette et la compagnie des vivants.

14 La gaieté – La joie de vivre

1 À la campagne.

Les champs, la rivière, les pierres, l'eau, le soleil, des chemins..., une fleur, prunes violettes.

2 Il faut souligner champêtre, campagnard et rustique.

3 Il fait un temps très beau.
« Les enfants jouent dans l'eau. » – « Je vais m'étendre au soleil. » – « Mon pantalon fume comme une soupe. » – « Les filles ont les jambes trempées. »

4 a. idéales.

b. superbe.

c. magnifique.

d. merveilleuse.

5 a. magnifiquement.

b. très bien.

c. fort bien.

Exemples :
Sibylle s'amuse calmement et gentiment.
Les enfants s'installent tranquillement pour s'occuper intelligemment.
Xavier ! Mange proprement et doucement !

6 a. Rend lisse.

b. Dégoulinant d'eau.

c. Jeter dessus.

7 a. Courir la campagne.

b. Je manque de tomber.

c. Les agréables souvenirs de l'internat.

d. Qui abandonne le vouvoiement au profit du tutoiement.

8 Ce sont des comparaisons. Toutes deux ont pour termes comparants des aliments.

9 Les enfants se promènent, jouent dans l'eau, bavardent, mangent des prunes, se disputent.

10 S'amuser / se détendre / jouer.

11 Bonheurs de la campagne ; une journée merveilleuse.

12 Une journée délicieuse. – Nous repartons joyeux. – On se retrouve toujours...

13 Complicité, tendresse, affection.

14 Ils deviennent de plus en plus proches, de plus en plus complices (ils cessent de se vouvoyer).

15 a. Nous rangeons soigneusement les cartes, les dés et tout ce qui nous a servi à jouer. Nous remettons les chaises en place et nous repartons joyeux.

b. Nous prenons des chemins bordés de mûres. Nous en glanons quelques-unes au passage, mais nous n'avons pas le courage d'en ramasser beaucoup. Quel dommage ! C'est tellement bon la gelée de mûres...

c. Je regarde les autres qui s'admirent en train de faire de l'équilibre au bord du ponton. Je suis enfin parvenue à une position artistique. Maud m'applaudit et je tombe à l'eau.

16 a. Une journée délicieuse.
Après une longue baignade dans une immense piscine, il y eut un plantureux goûter sous les arbres du parc. La soirée s'acheva par un dîner suivi d'un bal.

b. Les gaietés de pension.
Céline détestait les vacances et adorait être en pension. Chaque journée apportait son lot d'événements amusants ou inattendus. Un jour, à la cantine, on avait des fraises. Le lendemain, sœur Philomène s'endormait en plein milieu du cours d'instruction civique. Un autre jour, on prenait le fou rire...

c. On me bombarde de prunes violettes.
C'est carnaval en automne et nous nous en donnons à cœur joie. Je jette de la farine et du sucre sur mes adversaires qui se vengent en me bombardant de fruits. Quel beau carnaval ! Mais je préfère ne pas envisager ce que ma mère va dire en voyant l'état de mes vêtements...

15 L'enthousiasme

1 Un enfant, le narrateur.

2 Un enfant parfait, idéal.

3 *Les Petites Filles modèles* de la Comtesse de Ségur.

4 Prose, roman.

5 Roman autobiographique, de souvenirs.

6 À six heures.

7 Elle rempaille les chaises. C'est un métier exténuant et peu rémunérateur. (C'est également un métier artisanal qui a tendance à disparaître.)

8 Parce qu'il aime l'école, parce qu'il est naturellement courageux et dynamique.

9 Il fait ses devoirs et apprend ses leçons.

10 Un imparfait d'habitude.

11 Il s'agit d'une époque ancienne, révolue, à laquelle les sabots faisaient office de chaussures. L'enfant est soigneux, méticuleux, économe.

12 a. Je devais travailler.

b. Maman le faisait toujours.

c. J'étais engourdi.

d. Je me mettais au travail.

e. Un gros morceau de pain.

13 a. Qui manque de finesse. – maladroit, emprunté. – dense. – écrasant. – douloureux. – rempli. – massif.

b. Sanction, punition. – souffrance morale. – activité qui fatigue, effort. – difficulté qui gêne pour faire quelque chose.

c. Ce que l'on doit faire. – fonctions, obligations. – hommages, respects, civilités. – exercices scolaires.

14 a. Courage / constance / opiniâtreté.

b. Sens des responsabilités.

c. Dynamisme.

d. Application.

15 Amour de l'étude, de l'école, sens du devoir.

16 a. Tous les matins, je courais sur la plage. Puis je rentrais prendre mon petit déjeuner à l'hôtel avant d'aller nager.

b. J'avais dès ce temps-là le désir profond d'habiter au bord de la mer pour être auprès des vagues, des goémons et des îles.

c. Mais je disais tous les soirs à maman que j'étais inquiet.

d. Parce qu'au bord de la mer les emplois sont plutôt rares. Alors il me faudrait peut-être renoncer à mon rêve.

17 **18** Compose des réponses claires, franches et sincères. Tu seras noté(e) plutôt sur la manière dont tu exprimes tes idées que sur les idées elles-mêmes.

Évaluation

1 La morte-saison.

2 Ses cousines.

3 À la rivière pour y puiser de l'eau.

4 Un enfant idéal qui a toutes les qualités que l'on peut souhaiter.

5 Parce qu'il a à travailler.

6 Faux, c'est un extrait de Marcel Proust.

7 Celui des bêtes qui marchent dans l'herbe.

8 Du thé.

9 « L'enfant dans la nuit », page 62. – « Battre les champs », page 66.

10 Elles travaillent, elles cousent de nuit, pour une commande urgente probablement.

Les inconnus :

n° 1 : L'enfant modèle, page 70.
n° 2 : La narratrice dans « Nuit de labeur », page 54.
n° 3 : Les cousines du narrateur, page 66.

Points communs :

1 La nuit.

2 La souffrance, le travail.

3 La douceur de vivre.

Lexique

Alinéa : renfoncement de la première ligne dans un paragraphe.

Abstrait : ce qui est abstrait n'existe que sous forme d'idée, de concept, de notion. *Ex. :* la richesse, l'amitié, la douceur, la souffrance. Voir **Concret.**

Accumulation : forme d'énumération. Succession de mots qui concourent à produire une impression unique.

Antonyme : contraire. *Ex. :* violent et doux ; lourdement et légèrement.

Auteur : écrivain, romancier, poète, dramaturge qui écrit une œuvre. Voir **narrateur**.

Champ lexical : ensemble des mots qui se rapportent à une même idée, un même domaine. *Ex. :* navire, plage, coquillage, tempête, régates appartiennent au champ lexical de la mer.

Champ sémantique : ensemble des différents sens d'un même mot. *Ex. :* un séminaire est un établissement religieux dans lequel étudient des élèves, c'est également une réunion, un colloque, un symposium.

Concret : est concret ce qui est matériel, sensible, palpable, réel. *Ex. :* une table, un bonbon. Voir **Abstrait**.

Épisode : action secondaire qui est liée à une action principale. *Ex. :* vous racontez un pique-nique. Voici deux exemples d'épisode de votre récit :
– la recherche d'un endroit agréable ;
– l'installation de ce que vous allez manger.

Famille de mots : ensemble de mots qui sont composés à partir d'un même radical. *Ex. :* adoucir, douceur, doucement appartiennent à la famille de doux.

Homonyme : les homonymes sont des mots de prononciation identique et de sens différents, d'orthographe semblable ou différente. Les homographes s'écrivent de la même manière ; les homophones se prononcent de la même manière.

Exemple d'homonymes homophones : Le ver de terre a un chapeau vert et boire un verre en composant des vers.

Exemple d'homophones homographes : Son fils écoute le son de la guitare.

Indices : des signes, des éléments qui fournissent une information.

Narrateur : personne qui raconte l'histoire et la voit de son propre point de vue.

Niveau de langue : langage employé en fonction du milieu auquel appartient celui qui parle et en fonction de la situation de communication. On distingue trois niveaux :
– le niveau courant : Sors !
– le niveau familier : Casse-toi !
– le niveau soutenu : Je vous prie de sortir.

Rime : retour de syllabes identiques à la fin des vers :
– rimes plates ou suivies : a, a ; b, b, etc.
– rimes croisées : a, b ; a, b, etc.
– rimes embrassées : a, b b, a, etc.
– rimes riches : elles comprennent au moins une voyelle et sa consonne d'appui. *Ex. :* image / hommage.
– rimes pauvres : elles sont fondées sur un seul son. *Ex. :* ami / pari.

Scénario : plan détaillé de l'intrigue d'une histoire.

Synonyme : des synonymes sont des mots de sens voisins. *Ex. :* beau, joli, séduisant.

Trait lexical : les principaux traits lexicaux du nom sont :
– animé / inanimé : un caillou, Frédéric
– concret / abstrait : un stylo, la souffrance
– comptable / non comptable : l'huile, l'horreur
– commun / propre : un vélo, Marcel
– collectif / non collectif : un ensemble / une fleur

Vraisemblable : qui semble vrai, qui peut être vrai, possible.

Vers : terme de la poésie pour désigner une suite de mots écrits sur une même ligne et présentant une unité de rythme.

Achevé d'imprimer en Avril 2020 en Espagne par Macrolibros
Dépôt légal : Janvier 2019 - Collection n° 20 - Édition 02
73/1722/1